大展好書 好書大展

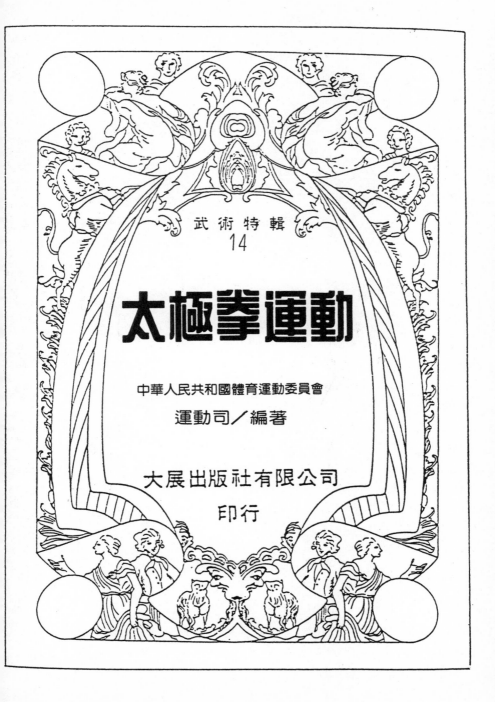

武術特輯
14

太極拳運動

中華人民共和國體育運動委員會

運動司／編著

大展出版社有限公司

印行

修訂說明

　　太極拳是我國人民在長期生活中，創造發展起來的民族文化遺產之一。它具有較好的健身和醫療價值。但是，過去歷代的統治階級為了維護其反動統治，宣揚唯心主義，捏造太極拳是什麼「神仙」傳授，散布神秘玄虛思想，影響了太極拳運動的健康發展。

　　太極拳運動和其他體育項目一樣，日益廣泛開展，已成為廣大人民群衆熱愛的一項體育活動。

　　為了適應廣大群衆體育活動的需要，一九五六年，我們從調查研究入手，把群衆中流傳較廣的原有太極拳套路進行了整理，按照內容簡明，先易後難，循序漸進的要求，編寫了一套「簡化太極拳」（二十四式），以期使初學者易學易練，易於掌握。

　　一九五八年又對原有太極拳和推手的技術部分增補了過渡動作的圖解和文字解說，對套路中的某些動作結構略作修改，同時對太極劍也進行了初步改編工作。

　　一九六二年，人民體育出版社把上述套路匯編

成≪太極拳運動≫出版。

　　一九七五年，為了進一步適應群眾鍛鍊的需要，我們對一九六二年版本作了修訂：對原版本的有關理論和動作說明作了一些修改和補充，重新繪製了動作插圖；但對原書的四種套路除個別變動外，保留了原有的結構，這就是本書的第二版。

　　後來，為使太極拳初學者提高技術水平和豐富鍛鍊內容，我們組織有關同志整理和編寫了『四十八式太極拳』，關於一九七九年出版了專冊。這次修訂本書，我們增補了≪四十八式太極拳≫的全部內容，以便太極拳運動愛好者看到更加完整的參考書。

　　我們對太極拳運動的研究和整理，只是初步做了一些工作，希望得到廣大群眾的支持和幫助。

　　　　　　　　　　　　　　　　一九八三年四月

目　錄

第一章　概述

第二章　太極拳的技術內容及套路介紹

第一章　概　述

第一節　太極拳的生理保健作用

　　太極拳是我國民族形式體育項目之一，很早以前就在我國民間有所流傳。幾世紀以來，經過實踐，證明太極拳是一種重要的健身與預防疾病的手段。近年來，許多人認為，並且也有人記載過，打太極拳除增強體質外，是輔助治療高血壓、潰瘍病、心臟病、肺結核……的好方法，而且有一定療效。因為過去一直被我們忽略的重要治療方法──應用體育運動來防治疾病，已經被應用到臨床工作中，並且已被公認為治療過程中必要的環節，所以，太極拳之能配合醫藥來治療某些疾病，則是應無疑義的了。

　　事實證明，我國是最早應用體育健身和防治疾病的國家。在我國最老的醫學經典著作≪黃帝內經素問≫中就曾這樣提過：「其病多痿厥寒熱，其治宜導引」（按：「導引」是一種體操活動）。不僅如此，我國的古代科學家們還進一步用科學的理論，解釋了「體育」能夠健身治病的道理。

　　一千八百多年以前，華陀曾編選了「五禽之戰」作為健身運動，他的理論是：「人身常動搖則谷氣消，血脈通，病不生，人猶戶樞不朽是也。」這都說明「體育」在防病和治療中有著積極的意義。練習太極拳除全身各個肌肉群、關節需要活動外，還要配合均勻的深呼吸與橫膈運動，並且特別

要求人們在打拳時，盡量做到「心靜」，精神貫注。這樣，就對中樞神經系統起了良好的影響，從而給其他系統與器官機能的活動與改善，打下了良好的基礎。

為了證明太極拳的保健作用，北京運動醫學研究所曾對五十到八十九歲的老年人進行了較詳細的醫學檢查。其中三十二名是經常打太極拳的，五十六名是一般正常的老年人。對比觀察的結果證明，長年打太極拳的老人，不論在體格方面，還是在心血管系統機能、呼吸機能、骨骼系統及代謝功能等方面，都比一般老人的狀況好。

為了方便解釋起見，現按太極拳對人體各主要系統的生理影響，分述於下。

(一)、打太極拳對神經系統的影響

根據近年來生理學的發展，特別是許多生理學家對中樞神經的研究，使我們更進一步地認識了中樞神經系統對人體的重要作用。我們知道，神經系統，尤其是它的高級部份，是調節與支配所有系統與器官活動的樞紐。人類依靠神經系統的活動（通過條件反射與非條件反射），以適應於外界環境並改造外界環境。人依靠神經系統的活動，使體內各個系統與器官的機能活動按照需要統一起來。因此，任何一種鍛鍊方法，如果能增強中樞神經系統的機能，對全身來說就有很好的保健意義。太極拳的優越之點就在於此。

練習太極拳，要求「心靜」，注意力集中，並且講究「用意」，這些都對大腦活動有良好的訓練作用。此外，從動作上來講也是如此。練習太極拳時，動作需要「完整一氣」，由眼神到上肢、軀幹、下肢，上下照顧毫不散亂，前後連貫，綿綿不斷，同時由於動作的某些部分比較複雜，需要有

良好的支配和平衡能力，因此需要大腦在緊張的活動下完成，這也間接地對中樞神經系統起著訓練的作用，從而提高了中樞神經系統緊張度，活躍了其他系統與器官的機能活動，加強了大腦方面的調節作用。

太極拳是一種很有興趣的運動，經常練習的人都有這樣一種感覺：練架子的時候，周身感覺舒適，精神煥發；練「推手」的時候，周身感覺活潑，反應靈敏。這些都是練拳的人情緒提高與興趣濃厚的證明。情緒的提高在生理上是有重要意義的。「情緒」提高，可以使各種生理機制活躍起來。許多試驗都證明，做一種運動時，在用體力之前，僅僅是精神的影響就可以使血液化學、血液的動力過程、氣體代謝等發生改變。對患某些慢性病的人來講，「情緒」的提高更為重要。它不僅可以活躍各種生理機制，同時能夠使病人脫離病態心理。這對治療功效來講很重要。以上例子都充分說明，練習太極拳對中樞神經系統有著良好作用。

(二)、打太極拳對心臟血管系統及呼吸系統的影響

太極拳對心臟血管系統的影響，是在中樞神經活動支配下發生的。就太極拳動作的組成來說，它包括了各組肌肉、關節的活動，也包括了有節律的呼吸運動，特別是橫膈運動。因此它能加強血液及淋巴的循環，減少體內的淤血現象，是一種用來消除體內淤血的良好方法。

我們知道，全身各部骨胳肌的周期性的收縮與舒張，可以加強靜脈的血液循環，肌肉的活動保證了靜脈血液回流，及向右心室充盈的必要的靜脈壓力。呼吸運動同樣也能加速靜脈的回流。例如：吸氣時胸廓的容積增大，內部的負壓增高，結果上下腔靜脈的壓力減低，靜脈回流加速。這一點在

練習太極拳的過程中表現得非常明顯。

　　太極拳的動作舒展，胸部不要緊張，而且要求有意識地使呼吸與動作適當配合，這樣就可以使呼吸自然，呼吸的效果就會增加，這也就更好地加速了血液與淋巴的循環。

　　我們經常見到，當一個人胸部、肩部、肘部肌肉緊張用力時，由於胸廓固定，吸氣受到限制，結果血液循環發生障礙，練者產生面紅耳赤、頸部血管弩張的現象。練太極拳時就沒有這種現象。

　　打太極拳，很多動作、姿勢要求氣向下沈，即過去所謂「氣沈丹田」，這是一種橫膈式呼吸，它在醫療與保健上都有作用。膈肌與腹肌的收縮與舒張，使腹壓不斷改變。腹壓增高時，腹腔的靜脈受到壓力的作用，把血液輸入右心房，相反當腹壓減低時，血液則向腹腔輸入。這樣，由於呼吸運動就可以改善血液循環的狀況，加強了心肌的營養。此外，橫膈的運動又可以給肝臟以有規律性的按摩作用，是消除肝臟淤血、改善肝臟功能的良好方法。所以經常練習太極拳，對預防心臟各種疾病及動脈硬化創造了良好條件。

　　北京運動醫學研究所的調查證實，經常打太極拳對心臟血管系統影響良好。他們對兩組老人進行了機能試驗（在一分鐘內，上、下40公分高的板凳15次），結果證明，太極拳組老人心血管功能較好，32名老人中除一名不能完成這種定量負荷外，其餘都能完成，而且血壓、脈搏的反應也都正常。相反，對照組的老人，年齡越大，完成定量負荷的人越少，出現機能試驗不良反應類型（如梯形上升型及無力型反應）的人越多。心電圖的檢查也同樣證明了這一點。

　　心電反應異常的，太極拳組僅占百分之二十八點二，而對照組的一般老人則占百分之四十一點三。從這些觀察結果

不難看出，經常打太極拳可以使心臟冠狀動脈供血充足，心臟收縮有力，血液動力過程良好。

不僅如此，由於經常打太極拳，提高了中樞神經系統的調節機能，改善體內各器官之間的協調活動，使迷走神經緊張度增高，各器官組織的供血、供氧充分，物質代謝也得到改善，因而，常打太極拳的人發生高血壓病及動脈硬化的較少。太極拳組平均血壓為 134.1／80.8 毫米汞柱，對照組老人為 154.5／82.7 毫米汞柱。動脈硬化率，太極拳組是百分之三十九點五，一般老人為百分之四十六點四。

從身體檢查證明，經常打太極拳對保持肺組織的彈性、胸廓活動度（預防肋軟骨骨化）、肺的通氣功能及氧與二氧化碳的代謝功能都有很好的影響。太極拳組的老人的胸部呼吸差及肺活量都比對照組的大，這是因為經常打拳，胸部呼吸肌及膈肌有力，肺組織的彈性好，肋軟骨骨化率低。對於已有肋軟骨骨化和胸廓活動已有障礙的老人來說，太極拳深長細勻的呼吸和腹肌膈肌活動，即能增加通氣功能，又能通過腹壓的有節律的改變，使血液加速，增進肺泡的換氣功能，這都有助於保持老人的活動能力。在完成定量活動測驗時，太極拳組老人氣喘輕，恢復快，原因就在這裡。

㈢、打太極拳對骨骼、肌肉及關節活動的影響

打太極拳對骨骼、肌肉及關節活動的影響很突出。以脊柱為例，練拳時要求「含胸鬆腰拔背」、「腰脊為第一主宰」等，這說明打太極拳與腰部活動有著密切關係。經常地練習太極拳，無論對脊柱的形態和組織結構都有良好作用。

據觀察，太極拳組老人發生脊柱畸形的只有百分之二十五點八，而一般老人則為百分之四十七點二。駝背是典型的

老年畸形，是衰老的結果。但是，經常打太極拳，駝背的發生率就遠比一般人為少。經常打太極拳脊柱的活動幅度也較好，太極拳組老人彎腰時手能觸地的占百分之七十七點四，對照組老人占百分之十六點六。X 光照相檢查發現，太極拳組比對照組老年骨質疏鬆的發生率也較低（百分之三十六點六比百分之六十三點八）。

　　老年性骨質疏鬆是一種衰老的退行性變化，其原因主要是由於骨組織中成骨細胞不活躍，不能產生骨的蛋白基質，致使骨生成少，吸收多，骨質變鬆。骨質鬆就容易產生畸形，關節活動也就不靈活。而打太極拳要求動作連貫、圓活，周身節節貫串，因此打太極拳有一定的防老作用。

㈣、打太極拳對體內物質代謝的影響

　　有關這方面的研究資料，目前還不多，但從上述兩組老人的骨骼變化及動脈硬化發生率的差異來看，打太極拳對脂類、蛋白類以及無機鹽中鈣、磷的代謝影響是良好的。

　　近年來，國外有不少人從物質代謝的角度研究運動的防老作用。例如，有人報導，老年人鍛鍊 5 到 30 分鐘後，血內的膽固醇含量會下降，其中以膽固醇增高的老人，下降尤為明顯。也有人對動脈硬化的老人進行鍛鍊前後的代謝研究，發現經過 5 到 6 個月鍛鍊後，血中白蛋白含量增加，球蛋白及膽固醇的含量卻明顯減少，而且動脈硬化的症狀也大大減輕。這些研究結果，可以說明打太極拳對體內物質代謝的良好影響。

㈤、打太極拳對消化系統的影響

　　前面已經提過，由於神經系統活動能力的提高可以改善

其他系統的機能活動，因此它可以預防並治療某些因神經系統機能紊亂而產生的消化系統的疾病（運動、分泌、吸收的紊亂）。此外，呼吸運動對胃腸道起著機械刺激的作用，也能改善消化道的血液循環，因此可以促進消化作用，預防便秘，這對老人也是很重要的。

綜上所述，太極拳是一種合乎生理規律、輕鬆柔和的健身運動，它對中樞神經系統起著良好的影響，加強了心、血管與呼吸的功能，能減少體內淤血、改善消化作用與新陳代謝過程。所以，從醫學的觀點上來看，它是一種很好的保健體操與病人的醫療體操。

第二節 太極拳的特點、要領及對身體各部位姿勢的要求

一、特 點

太極拳的特點，歸納起來有下列幾點。

㈠、**輕鬆柔和**：太極拳的架式比較平穩舒展，動作要求不僵不拘，符合人體的生理習慣，並且一般說來，沒有忽起忽落的明顯變化和激烈的跳躍動作。所以，練習一兩遍之後，雖然感到身上微微出汗，但很少發生氣喘現象，給人以練拳之後有輕鬆愉快之感。由於太極拳具有這個特點，不同年齡、性別和體質的人，都可以從事鍛鍊，尤其是對體弱和患有某些慢性病的人，更是一種較好的體療手段。

㈡、**連貫均勻**：整套太極拳動作，從「起勢」到「收勢」，不論動作的虛實變化和姿勢的過渡轉換，都是緊密銜接、連貫一氣的，看不出有明顯停頓的地方。整套演練起來，速

度均勻，前後貫串，好像行雲流水，綿綿不斷。

（三）、**圓活自然**：太極拳的動作不同於其他拳術，它要求上肢動作處處帶有弧形，避免直來直往，這是符合人體各關節自然彎曲狀態的。通過弧形活動進行鍛鍊，有利於動作的圓活自然，體現出柔和的特點，也能使身體各部分得到均勻的發展。

（四）、**協調完整**：在太極拳運動中，不論是整個套路，還是單個動作姿勢，都要求上下相隨，內（意念、呼吸）外（軀幹、四肢動作）一體，身體各部分之間要密切配合。打太極拳時，必須以腰為軸，手腳的許多動作都是由軀幹來帶動，並且互相呼應，不要上下脫節或此動彼不動，顯得呆滯脫節和支離破碎。

上述這些特點，決定了太極拳在鍛鍊方法上對姿勢動作的各種要求。

二、動作要領

㈠、意識引導動作

人體的任何動作（除反射性動作外），包括各種體育鍛鍊的動作，都需經過意識的指揮。練習太極拳的全部過程，也要求用意識（即指想像力）引導動作，把注意力貫注到動作之中去。如做太極拳「起勢」兩臂徐徐前舉的動作，從形象上看和體操中的「兩臂前平舉」的動作相仿，但在太極拳的練法上，不是隨便地把兩臂抬起來，而是首先要求想著兩臂前平舉的動作，隨而慢慢地把兩臂抬起來；又如做兩手向前按出的動作，首先就要有向前推按的想像。意欲沈氣，就要有把氣沈到腹腔深處的想像。意不停，動作亦隨之不停，就好像用一條線把各個動作貫串起來一樣。

　　總之，練習太極拳從「起勢」到「收勢」，所有動作都要注意用意識去支配。過去練拳人所說的「神為主帥，身為驅使」，「意動身隨」，就是這個意思。為了掌握這個要領，必須注意以下兩點：

　　第一，安靜。練拳時從準備姿勢開始，首先就要從心理上安靜下來，不再思考別的問題，然後按動作的要求檢查，頭是否正直，軀幹和臂是否放鬆了，呼吸是否自然通暢。當這些都合乎要求時才做以後的動作。這是練拳前一個要緊的準備功夫。這種安靜的心情，應貫徹到練習拳套的全部動作中去。

　　練拳時，無論動作簡單或複雜、姿勢高或低，心理上始終要保持安靜狀態，這樣才能保持意識集中，精神貫注到每個細小的動作之中，否則就會造成手腳錯亂、快慢無序或打錯了動作的現象。打太極拳要求「以靜御動，雖動猶靜」，「動中求靜」。如能做到這些，就不致於引起神經過分緊張以至過度疲勞。

　　第二，要集中注意力。在心理安靜的前提下，還要把注意力放在引導動作和考慮要領上，專心致志地練拳。不要一面打拳，一面東張西望或思考別的事情。初學太極拳的人，很容易忘掉這個「用意」的要求。經久練習，就可意動身隨，手到勁發，想像力自然地與肢體的活動密切配合。

　　㈡、注意放鬆、不用拙力

　　這裡所講的放鬆，不是全身的鬆懈疲怠，而是在身體自然活動或穩立情況下，使某些可能放鬆的肌肉和關節做到最大限度的放鬆，動作時避免使用拙力和僵勁。在練習中，要求人體的脊柱按自然的形態直立起來，使頭、軀幹、四肢等部分進行舒鬆自然的活動。

太極拳姿勢要求上體正直安舒，不要前俯後仰或左右偏斜。它所用的力，是維持姿勢的正確與穩定而自然的力，有的稱它為規矩的力，也有的稱它為「勁」。兩臂該圓的，就必須做到圓滿，腿該屈的，就必須屈到所要求的程度。除按照要求所用的力量之外，其他部位肌肉要盡量放鬆。當然，初學時比較難掌握「力」的界限，所以首先應注意放鬆，使身體各個關節都舒展開，避免緊張，力求圓活。然後由「鬆」再慢慢地使力量再集中起來，達到式式連貫、處處圓活、不僵不拘、周身協調的要求。

㈢、上下相隨、周身協調

太極拳是一種使身體全面鍛鍊的運動項目。有人說，打太極拳時，全身「一動無有不動」；又說，練拳時全身「由腳而腿而腰總須完成一氣」，這些都是形容「上下相隨、周身協調」的。

初學太極拳的人，雖然在理論上知道許多動作要以腰部為軸，由軀幹帶動四肢來進行活動，但因為意念與肢體動作還不能密切配合，想做到周身協調也是有困難的。所以，最好先通過單式練習（如單練「起勢」、「雲手」等），以求得軀幹與四肢動作的協調，同時也要練習步法（如站虛步、弓步以及移動重心、變換步法等），以鍛鍊下肢的支撐力量和熟練地掌握步法要領。然後再通過全部動作的連貫練習，使步法的進退轉換與軀幹的旋轉、手法的變化相互配合，逐漸地達到全身既協調而又完整，從而使身體各個部位都得到均衡的鍛鍊與發展。

㈣、虛實分清、重心穩定

初步了解了太極拳的姿勢動作要領後，就要進一步注意動作的虛實和身體重心問題。因為一個姿勢與另一個姿勢連

接。位置和方向的改變，處處都貫穿著步法的變換和轉移重
心的活動。在鍛鍊中也要注意身法和手法的運用，由虛到實
，或由實到虛，既要分明，又要連貫不停，做到勢斷意不斷
，一氣呵成。如果虛實變化不清，進退變化一定不靈，就容
易發生動作遲滯、重心不穩和左右歪斜的毛病。

　　過去有人說：「邁步如貓行，運勁如抽絲」，就是形容
練太極拳應當注意腳步輕靈和動作均勻。要做到這一點，首
先應注意虛實變換得當，使肢體各部分在運動中沒有不穩定
的現象。假如不能維持身體的平衡穩定，那就根本談不到動
作的輕靈、均勻（虛實變換的問題可參閱下面「對身體各部
位姿勢的要求」和其他有關段落）。

　　太極拳的動作，無論怎樣複雜，首先要把自己安排得舒
適，這是太極拳「中正安舒」的基本要求。凡是旋轉的動作
，應先把身體穩住再提腿換步；進退的動作，先落腳而後再
慢慢地改變重心。同時，軀體做到了沈肩、鬆腰、鬆胯以及
手法上的虛實，也會幫助重心的穩定。這樣練習日久，動作
無論快慢，就不會產生左右搖擺、上重下輕和穩定不住的毛
病。

㈤、呼吸自然

　　練太極拳要求呼吸自然，不要因為運動而引起呼吸急促
。人們無論做任何體育活動，機體需要的氧都要超過不運動
的時候。在練習太極拳時，由於動作輕鬆柔和，身體始終保
持著緩和協調，所以用增加呼吸深度就可以滿足體內對氧的
需要，對正常的呼吸影響並不太大。

　　初學太極拳的人，首先要注意保持自然呼吸，這就是說
，在做動作時，練習者應按照自己的習慣和當時的需要進行
呼吸，該呼就呼，該吸就吸，動作和呼吸不要互相約束。

　　動作熟練之後，可根據個人鍛鍊體會的程度，毫不勉強
地隨著速度的快慢和動作幅度的大小，按照起吸落呼、開吸
合呼的要求，使呼吸與動作自然配合。例如：做「起勢」的
兩臂慢慢前平舉時要吸氣，而身體下蹲兩臂下落時則要呼氣
。這種呼吸方式是根據胸廓張縮和膈肌活動的變化，在符合
動作要求與生理需要的基礎上進行的。這樣能夠提高氧的供
給量和加強橫膈膜的活動。但是，在做一般起落開合不很明
顯的動作時，或在以不同的速度練習，和不同體質的人練習
時，動作與呼吸的配合不能機械勉強，要求一律。否則違反
了生理自然規律，不僅不能得到好處，反而可能造成呼吸的
不順暢和動作的不協調。

　　以上要領不是彼此分離，而是相互聯繫的。如果心裡不
能「安靜」，就不能意識集中和精神貫注，也就難以使意念
與動作結合進行，更達不到連貫和圓活的要求。如果虛實與
重心掌握不好，上體過分緊張，也不可能做到動作協調、完
整一體，從而呼吸也就談不上自然了。

三、對身體各部位姿勢的要求

(一)、頭部

　　練習太極拳時，對頭部姿勢的要求是很嚴格的。所謂
「頭頂懸」、「虛領頂勁」，或「提頂」、「吊頂」的說法，
都是要求練者頭向上頂，避免頸部肌肉硬直，更不要東偏
西歪或自由搖晃。頭頸動作應隨著身體位置和方向的變換，
與軀幹的旋轉上下連貫協調一致。面部要自然，下頦向裡收
回，口自然合閉，舌上卷舔住上顎，以加強唾液的分泌。

　　眼神要隨著身體的轉動，注視前手（個別時候看後手）
或平視前方，既不可皺眉怒目，也不要隨意閉眼或精神渙散

。打拳時，神態力求自然，注意力一定要集中，否則會影響鍛鍊效果。

(二)、軀幹部

1.胸背：太極拳要領中指出要「含胸拔背」，或者「含蓄在胸，運動在兩肩」，意思是說在鍛鍊過程中要避免胸部外挺，但也不要過分內縮，應順其自然。「含胸拔背」是互相聯繫的，背部肌肉隨著兩臂伸展動作，盡量地舒展開，同時注意胸部肌肉要自然鬆弛，不可使其緊張，這樣胸就有了「含」的意思，背也有「拔」的形式，從而也可免除胸肋間的緊張，呼吸調節也自然了。

2.腰脊：人體在日常生活中，行、站、坐、臥要想保持正確的姿勢，腰脊起著主要作用。在練習太極拳的過程中，身體要求端正安舒，不偏不倚，腰部起著重要的作用。過去有人說：「腰脊為第一之主宰」，又說「刻刻留心在腰間，腹內鬆靜氣騰然」，「腰為車軸」等等，都說明了如果腰部力量中斷或在身體轉動中起不了車軸作用，就不可能做到周身完整一氣。練習時，無論是進退或旋轉，凡是由虛而逐漸落實的動作，腰部都要有意識地向下鬆垂，以幫助氣的下沈。注意腰腹不可用力前挺，以免影響轉換時的靈活性。這樣腰部向下鬆垂，可以增加兩腿力量，使下盤得到穩固，使動作既圓活又完整。

在配合鬆腰的要領當中，脊椎骨要根據生理正常姿態豎起，不可因鬆腰而故意後屈前挺或左右歪斜，以致造成胸肋或腹部肌肉的無謂緊張。通過腰部維持身體的重心，能使動作既輕靈又穩定。可見，腰脊確是練太極拳的第一主宰。

3.臀部：練太極拳時要求「垂臀」（或稱「斂臀」），這是為了避免臀部凸出而破壞身體的自然形態。練習時，要

注意臀部自然下垂，不要左右扭動。在鬆腰、正脊的要求下，臀部肌肉要有意識地收斂，以維持軀幹的正直。總之，垂臀和頂頭的要求一樣，應用意識調整，不是用力去控制。

（三）、腿部

在練習太極拳的過程中，進退的變換，發勁的根源和周身的穩定，主要在於腿部。因而在鍛鍊時，要特別注意重心的移動、腳放的位置和腿彎的程度。練拳人常講：「其根在腳，發於腿，主宰於腰，形於手指」，可見腿部動作姿勢的好壞，關係著周身姿勢的正確與否。

腿部活動時，首先要求胯和膝關節放鬆，這樣可以保證進退靈便。腳的起落，要輕巧靈活：前進時腳跟先著地，後退時腳掌先著地，然後慢慢踏實。

初學的人，往往感到顧了手顧不了腳，而且大多數人只注意了上肢的動作，而忽略了腿腳的動作，以致影響了整個拳架的學習。應該充分認識腿腳動作在姿勢變換中的重要性，認真學好各種步型步法。在練架子時，必須注意腿部動作的虛實，除「起勢」、「收勢」和「十字手」外避免體重同時落在兩腿上。所謂腿部動作的虛實，就是體重在右腿則右腿為實，左腿為虛，體重在左腿則左腿為實，右腿為虛。但是，為了維持身體平衡，虛腳還要起著一個支點的作用（如「虛步」的前腳和弓步的後腳）。

總之，既要分清虛實，又不要絕對化。這樣，進退轉換不僅動作靈活穩定，而且可使兩腿輪換負荷與休息，減少肌肉的緊張和疲勞。

做弓步時，要以一腿彎屈支持體重，另一腿輕輕提起伸直（不可僵挺），腳跟自然落下，然後全腳慢慢踏實向前弓腿，這樣進退自然，步幅適當。做跟步動作時，腳掌要先著

地。蹬腳、分腳動作，宜慢不宜快（個別動作除外），應保持身體平衡穩定。擺腳動作（「擺蓮腳」）或拍腳的動作，不可緊張，須根據個人技術情況而定，手不拍腳也可以。

　　㈣、**臂部**

　　太極拳術語中講「沈肩垂肘」，就是要求這兩個部位的關節放鬆。肩、肘兩個關節是相關聯的，能沈肩就能垂肘。運動時應經常注意肩關節鬆開下沈，並有意識地向外引伸。

　　太極拳對手掌部位的要求是：凡是收掌的動作，手掌應微微含蓄，但又不可軟化、飄浮；當手掌前推時，除了注意沈肩垂肘之外，同時手腕要微向下塌，但不可彎得太死。手法的屈伸翻轉，要力求輕鬆靈活，出掌要自然，手指要舒展（微屈）。拳要鬆握，不要太用力。

　　手和肩的動作是完整一致的，如果手過度向前引伸，就容易把臂伸直，達不到「沈肩垂肘」的要求；而過分地沈肩垂肘，忽略了手的向前引伸，又容易使臂部過於彎屈。

　　總之，動作時，臂部始終要保持一定的弧度，推掌、收掌動作都不要突然斷勁，這樣才能做到既有節分又能連綿不斷，輕而不浮、沈而不僵、靈活自然。

四、初學太極拳的注意事項

　　㈠、**速度要均勻。**初學太極拳時宜慢不宜快，從慢上練功夫，打基礎，先把動作學會，把要領掌握好。熟練以後，不論速度稍快或稍慢，都要從頭到尾保持均勻。打一套「簡化太極拳」，正常的速度是四到六分鐘，有的人慢練，可長達八、九分鐘，但也不可太慢。打一套「四十八式太極拳」為八到十分鐘，「八十八式太極拳」需要二十分鐘左右。

　　㈡、**架式不可忽高忽低。**初學時架式可以高一點，也可

低一點，但在「起勢」時就要確定高低程度，以後整套動作，要大體上保持同樣的高度（除「下勢」以外）。體弱者最好採用高一點的架式練習，隨著動作的熟練和體質的增強，再練中型架式或低一些的架式。

（三）、**要適當掌握運動量**。太極拳運動雖然不如體操運動和其他長拳運動劇烈，但是由於它要求上下肢在一定的彎屈下做慢動作，加之要求全身內外上下高度集中統一，所以，還是有一定運動量的。特別是下肢的運動量比較大。因為打這種拳，一方面要求兩腿分清虛實，體重經常由一條腿來負擔，而這條腿又是在膝關節彎屈情況下來支撐體重的；另一方面，由一個姿勢轉到另一個姿勢、重心由一腿過渡到另一腿上時要求緩慢，用的時間較長，這就大大增加了下肢的負荷量。所以，初學的人練完一兩趟「簡化太極拳」，往往會感到兩腿酸痛，這是正常的生理現象。堅持練下去，這種腿部酸痛現象，就會消失。

每次鍛鍊的時間長短、趟數多少、運動量大小，應根據工作和學習情況及自己的體質而定。一般健康無病的人，運動量可以略大一些，可以連續打一趟或兩趟。老年人和體弱者要根據自己的身體情況，適當調節運動量，可以單練一組或幾組；也可以專練一兩個式子，如「攬雀尾」、「雲手」、「起勢」等；也可以架式稍高一些，如「弓步」的前腿應當是膝蓋與腳尖在一條垂線上，這時，膝關節彎屈度可略小一些。患有不同傷病的人，每次的運動量不宜太大，要注意循序漸進，逐步加大運動量，必要時應徵求醫生的意見。

總之，在初練太極拳時，運動量的掌握務要因人制宜，因病制宜，不應貪多求快，急於求成。

（四）、**要持之以恆**。練太極拳同從事其他體育鍛鍊一樣，

貴在堅持，不僅開始時要積極參加練習，而且一定要堅持繼續練下去。根據自己生產、工作或學習的時間情況，最好每天在業餘時間能安排一定的時間進行練習。切不可「三天打魚，兩天晒網」、「一曝十寒」，或是認為已經練會了，或者感到病情有所好轉，就不再繼續堅持經常練習。那樣，不僅不能逐步提高太極拳的技術水平，不能做到精益求精，而且更重要的是不能更好地收到堅持練太極拳增強體質和治病防病的效果。一般情況下，每天在班前、班後或工間操、課間操時間，在本單位的院落、空地都可以練習。有條件的最好能在清晨或晚間，就近到公園、樹林、廣場、河邊、空地等空氣清新和環境安靜的地方練習。如果這些地方沒有太極拳輔導站，可以參加集體學習，收效會更好一些。

*　　　　*　　　　*

此外，初學的人如果沒有專人指導，可幾個人在一起，採用互教互學的辦法來解決。例如，先由一人按照圖解上的動作說明來指導其他人學練，然後依次輪換。要仔細地研究前面所說的鍛鍊方法，正確掌握要領。這比一個人自己看圖解學拳，要快一些，好一些。

第三節　練習太極拳的主要過程及要點

練習太極拳和其它體育項目一樣，要經過一個由生到熟，由熟到巧的逐步提高過程。

太極拳有獨特的運動特點和風格，只有充分體現出這種風格特點，使每一姿勢動作符合要領，才能更好地收到增強

體質的功效。

　　大致說來，練太極拳可以分成三個階段。第一階段，應該在姿勢（完成式）、動作（過渡式）上打好基礎，把拳套中的步型、步法、腿法、身法、手型、手法、眼神等基本要求弄清楚，做到姿勢正確，步法穩定，動作舒展、柔和。第二階段，注意掌握動作的變化規律及其特點，做到連貫協調，圓活自然。第三階段著重練習勁力的運用和意念、呼吸與動作的自然結合，做到動作輕靈沈著，周身完整統一。

　　在全部鍛鍊過程中，不管哪一階段、哪一步，都要注意保持「心靜」、「體鬆」兩個基本要領。心靜、體鬆是太極拳運動特點所決定的最基本的要求，它對於其它要領的掌握起著保證作用，應該貫注於練太極拳的全過程。「心靜」就是指思想集中，精神貫注，做到專心打拳。「體鬆」是指身體各部位保持運動中的自然舒展，排除不必要的緊張。正確運用這兩個要點，有利於掌握太極拳的其它要領，體現太極拳的運動特點，提高健身和醫療的效果。因此有人把「鬆」「靜」兩點作為打好太極拳的基本條件。

　　在練習太極拳的不同階段，對「鬆」「靜」這個基本要求的掌握也是從低到高，逐步加深體會的，它和技術練習的要求緊密地聯繫在一起，兩個方面不可割裂對待。

　　下面把練習太極拳的主要過程及其要點，簡述如下。

　　第一階段：屬於打基礎階段，要注意以下幾個要點。

　　一、端正：打太極拳首先要注意姿勢正確，特別要保持上體自然正直，腰脊中正，兩肩、兩胯自然放鬆，不可俯仰歪斜，或聳肩、扭胯。其它部位也要按著要求切實做好（參照前「對身體各部位姿勢的要求」部分）。忽視任何一個部

位的要領，必然牽扯其它部位，造成錯誤定型和錯誤動作。

例如姿勢中臀部外凸，必然牽連腰部和胸部前挺，腹肌緊張。因此，初學階段要抓住姿勢「端正」這一環節，不可貪多求快，潦草從事。這樣做開始階段可能刻板一些，初練起來靈活性稍差，但只要抓住了「身法」中的主要矛盾，其它問題，以後容易解決。

二、穩定：要使上體端正舒適，必須首先保持下肢穩定。步型、步法既是姿勢當中的一部分，又是整個姿勢的基礎。經驗證明，很多人下肢不穩，並不完全出於力量不足，而多數是由於步型、步法不當。如果步子過小過窄，或腳的位置、角度不對，以及變換動作時虛實不清，勢必造成身體重心不穩。因此必須把步型、步法的要求弄清楚，可以單練各種樁步和步法，先把身體重心的變換找清楚。這樣既利於培養下肢的支撐力量，又能把主要步型（弓步、虛步、僕步、獨立步等）、步法（進步、退步、側步、跟步等）的要領掌握好。此外，根據具體情況，多練各種腿法（蹬腳、分腳、擺腳、踢腿、壓腿等）和多做腰部的柔韌性練習，也可以增強下肢力量，有利於動作的穩定。

三、舒鬆：初學時，在姿勢動作中要注意舒鬆自然。舒鬆不是軟化無力，而是按照規矩，儘量把動作做得舒展些。任何運動總是鬆緊、張弛交替進行。太極拳也是如此。但是太極拳的特點是輕緩柔和，沈著自然，要求「運勁如抽絲」。初學者往往不適應這種要求，容易使用拙力，造成不必要的緊張，甚至僵硬，破壞了姿勢動作的端正、穩定。初學打基礎時必須注意克服這一毛病，首先由舒鬆柔和入手，把不必要的緊張和生硬的僵勁去掉，姿勢動作力求舒展大方，自然柔和。

　　四、輕匀：為了較快地掌握太極拳輕緩柔和的運動特點，初學時，注意動作要慢，要柔，用力要輕，要匀。當然，快和慢是相對的，不是越慢越好。一般說來，初學者動作慢一些，用力輕一些，易於使動作準確，速度均匀，消除拙力。初學時如果動作不熟練，可以在姿勢之間稍有停頓，體會一下要領，邊想邊做。但是動作熟練之後，就要努力保持匀速運動，起落轉換不可忽快忽慢，忽輕忽重。

　　第二階段：著重掌握太極拳的動作規律，體現太極拳運動特點。要注意以下要點。

　　一、連貫：打太極拳在姿勢動作有一定基礎之後，就要努力做到節節貫串。各個姿勢動作要前後銜接，一氣呵成，好像行雲流水一樣，前一個動作的完成，就是下一個動作的開始，不容許中途斷線。比如「攬雀尾」動作，初學時可以把掤、捋、擠、按分成四個局部動作，獨立開來；熟練之後，就要把這四個動作銜接在一起，動作中間雖然仍要保持一定的節奏感，但是一個動作做完了，微微一沈。似停非停，要立刻接下一個動作，整個過程精神貫注，意念集中，不可鬆懈間斷。

　　簡化太極拳的二十四個姿勢動作，本書介紹的太極拳八十八個姿勢動作之間的節奏感，都應這樣處理。

　　二、協調：練太極拳是全身性活動，要求上下相隨，完整一氣，全身各部位的運動保持協調一致。比如做「雲手」動作，腰脊轉動，帶動了兩臂在空間劃圓，兩手掌隨著臂部運動不斷地內外翻轉，兩腿支撐整個身體左右移動重心，頸部也隨軀幹自然扭轉，同時兩眼不斷注視交換的手，這樣就形成了一個處處牽連密切配合的全身運動。我們往往看到練

拳已久的人，打起拳來，還發生手腳快慢不一，軀幹、四肢脫節的現象。

比如「攬雀尾」的弓步動作，腿已經弓出去了，手還沒有「擠」出去（或「按」出去）；「摟膝拗步」時，右手摟膝先結束，左手還在推掌。這樣，動作支離破碎，就與協調的要求不相符合，違背了「周身相隨」的要求。

三、**圓活**：太極拳的動作是以各種弧形、曲線為基礎構成的，練起來靈活自然，銜接合順。認識和掌握這一規律，就能自覺地避免動作直來直往和轉死彎、拐直角的現象，使動作圓活不滯。在動作要領上，要特別注意運用腰脊帶動四肢進行活動，體會轉腕旋臂（不要故意纏繞）、鬆肩垂肘、屈膝鬆胯等要領。雖然強調走弧形、曲線，但要轉動自如，避免故意搖擺。只要反覆按照要領練習，就可以做到變轉圓活，輕靈順逐。

第三階段：過去有人說，練太極拳「由著熟而漸悟懂勁」。

練太極拳套路要懂得用勁和換勁的方法。什麼是練套路的懂勁呢？「勁」就是運動中力量的運用，也叫做「勁力」。懂勁就是了解太極拳的用力特點，掌握用力的要領。在這一階段，要著重練習勁力完整，內外統一。過去有人把這叫做「練意、練氣、練力」的功夫，但往往在解釋中故弄玄虛，使人很難捉摸。從練套路來講，「勁力完整」就是指「運勁」過程中，力量連綿不斷，剛柔相濟。「內外統一」是指意念、呼吸與動作協調配合。只要經常練習，認真體會，做到勁力完整、內外統一並不困難。

練習中要注意掌握以下要點：

一、虛實分明，剛柔相濟

運動本身就是矛盾。在武術練習中，常常把矛盾轉換概括稱作虛實變化。太極拳從整體動作來分，除個別情況外，動作達到終點定式為「實」，動作變轉過程為「虛」。從動作局部來分，主要支撐體重的腿為實，輔助支撐或移動換步腿為虛；體現動作主要內容的手臂為實，輔助、配合的手臂為虛。分清了動作的虛實，我們用力的時候，就要有張有弛，區別對待。實的動作和部位，用力要求沈著、充實；虛的動作和部位，要求輕靈、含蓄。例如，動作達到定式或趨於完成時，腰脊和關節要注意鬆沈、穩定。動作變轉運動時，全身各關節要注意舒鬆、活潑。上肢動作由虛而實時，小臂要沈著，手掌逐漸展指舒掌、塌腕（也稱坐腕），握拳要由鬆而緊；由實而虛時，小臂運轉要輕靈，手掌略微含蓄，握拳由緊而鬆。這樣，結合動作的虛實變化，勁力有柔有剛，張弛交替，打起拳來就既輕靈又沈著，避免了不分主次、平均用力和雙重、呆滯的毛病。

明白了虛和實、剛和柔的對立後，還要掌握二者的統一。太極拳所有動作，都是矛盾雙方共處在一個統一體的運動轉化過程（兩手、兩腿大多是一虛一實相互交替），就是動作做到終點時，也要求各部位關節、肌肉保持少許伸縮轉化餘地，過去稱為「虛中有實、實中有虛」。這就要求在用力上不能絕對化，既要明確矛盾的主要方面，也要注意矛盾的次要方面，做到柔中寓剛，剛中寓柔，避免僵化、軟化現象。太極拳每個動作、每個瞬間，都是處在幾種相反相成的力量作用下，在相互牽制和對抗中進行的。

比如手臂前推時，掌根向前用力，同時肘部向下沈，肩窩向後縮，上體盡力放鬆，這樣就使力量沈而不僵，兩臂像

棉裡裹鐵，手臂後收時，肩力放鬆並向後帶，肘部外（內）引，手腕也微微放鬆，使小臂自然而圓活地旋轉，既不要突然斷勁，又不要故意纏繞搖擺，要使動作輕而不浮，活而不散。掌握了鬆緊、張弛的辨證統一，就使勁力剛柔相濟，打起拳來，身體各部位好像在彈性屈伸中運動，顯示出極柔軟又極堅實的特點。

二、連綿不斷，勁力完整

太極拳勁力除要求剛柔相濟，還要求均勻完整，時時處處不斷勁。斷勁就是指力量的中斷、停頓、脫節、突變。要使勁力綿綿不斷，就要在動作連貫、協調、圓活的基礎上掌握用力（俗稱運勁）規律。太極拳用力要求發自腰腿，運用於兩臂兩手達於手指，動作起來，以腰為樞紐，周身完整一氣。初學者往往忽略腰腿，把注意力僅僅放在上肢變化上，結果雙手孤立地運動，使動作支離飄浮，散亂斷勁。

打太極拳一定要克服斷勁的毛病。例如「雲手」動作，兩臂交叉劃圓一定要在腰部旋轉帶動下進行。凡是腰部旋轉又和腿的屈伸、腳的外撇裡扣、身體重心移動配合一致。這樣才能使周身力量節節貫串，通過腰脊聯成一個整體，十分紮實。否則，動作就會飄浮無力，如果勉強用力也是局部的僵力或斷勁。

我們強調腰腿發力，周身完整，絕不是忽視上肢作用。太極拳兩臂變化最多，是勁力運用的集中表現，決不能忽視。實際上很多斷勁現象也是在這環節上造成的。

練太極拳為了防止斷勁，在動作中要求走曲線，轉圓弧，上肢屈伸盡量與臂部的旋轉相結合，以利於勁力的連貫。小臂外旋時，注意小指一側微微用力，好似向外擰勁；小臂內旋時，注意拇指一側微微用力，好似向裡裹勁；前推時，

除腕部微微塌住勁外，可注意中指或食指領勁，意念中好像力量貫注到指尖。這樣動作儘管千變萬化，但勁力始終貫串銜接，完整一氣。

概括起來，前面講的剛柔相濟，是指力量的變化；這裡講的連綿不斷，是指用力的完整。

三、意念集中，以意導動

練太極拳自始至終要求思想集中。但在初學階段，思想大多集中在想該打哪個式子和檢查姿勢動作是否符合要領上，技術熟練以後，思想就逐漸轉到勁力運用方面來。例如「簡化太極拳」中的「攬雀尾」，包括掤、捋、擠、按四個小動作，熟練以後，我們要把意念集中到勁力運用以及與其有關的想像上。比如捋勁要有牽引或是捋住物體的想像；按勁要有向前推按的想像，同時與腰腿的用勁結合，意念活動從機械地做動作，轉為用意念引導動作，這就使力量和動作更為充分準確，富有內容。關於太極拳意念引導動作，初學同志在理解和實踐中要特別注意幾個要點。

第一，意念集中不是情緒緊張呆板。意念活動要與勁力的剛柔、張弛相一致，形成有節奏有變化的運動。意念活動和勁力運用，是統一運動的兩個方面，都要體現「沈而不僵，輕而不浮」的特點。

第二，打拳時要注意情緒飽滿，精神貫注（包括眼神運用），這是意念活動的重要體現。練太極拳既不能緊張，也不能疲疲塌塌、毫無生氣，在外示安逸的過程中，要精神飽滿，自然生動，富有生氣。

第三，意念、勁力、動作三者是統一的，但它們的相互關係則有主有從。

意念引導勁力，勁力產生運動。所以太極拳要求「先在

心，後在身」，勢換勁連，勁換意連。但是這種主從關係，不能理解為脫節、割裂。意念的變化要表現在勁力和動作上。練太極拳不能片面追求「虛靜」，追求「有圈之意，無圈之形」，這樣就會把意念活動割裂架空，使人莫測高深，無所適從。

四、動作呼吸，恰當結合

太極拳呼吸深長細勻，通順自然。初學時只要求自然呼吸。動作熟練以後，可以根據個人鍛鍊的體會和需要，在合乎自然的原則下，有意識地引導呼吸，使其更好地適應勁力與動作要求，這種呼吸叫「拳勢呼吸」。比如太極拳動作接近完成時，大多數要求勁力沈著充實，動作穩定，要求沈肩、虛胸、實腹。這時就應該有意識地呼氣，推動腹肌和膈肌運動。太極拳的動作轉變過程，情況比較複雜，一般說來，凡是用力含蓄輕靈，肩胛開放，胸腔舒張時，應該有意識地吸氣；而用力沈穩堅實，肩胛內合，胸腔收縮時，應該吸氣。這就是所謂「開吸合呼」的要求。這與我們在生活、勞動以及其它運動中的習慣和生理需要是一致的。拳勢呼吸就是在呼吸上使自發的配合變為自覺的引導調節。

有人習慣根據上肢動作或者強調太極拳的打法，來區分調節呼吸。比如以手臂的伸、進、分等動作結合呼氣，屈、退、合等動作結合吸氣。這樣做在一定條件下是可行的，但不能不分情況不加分析地機械套用。歸根到底，太極拳套路中的呼吸是由勁力特點和胸腔、肩胛的運動變化決定的。在日常動作中，例如同樣是手臂前伸，取物和推物時用力不同，胸腔變化也不一樣，對呼吸要求也就不同。打太極拳也是如此。

練太極拳時，呼吸不能機械地勉強地受動作拘束。拳勢

呼吸既是積極的又是自然的，運用恰當可以使動作更加協調
、圓活，輕靈、沈穩。打太極拳常說「全身意在精神，不在
氣，在氣則滯」，「以意運氣，非以力使氣」，就是指動作
和呼吸要自然協調配合，不可機械勉強。

　　「拳勢呼吸」的運用不是絕對的。因為太極拳套路的結
構，動作的編排，都是考慮前後銜接連貫，全面鍛鍊的需要
，在編排上不是僅從呼吸的節拍出發。不僅不同的太極拳套
路，練起來，呼吸的次數、深度各有不同，就是同一套路，
不同體質的人和以不同速度練習時，呼吸也無法強求一律。

　　可以這樣說，練拳時只能要求在主要動作和胸肩開合較
明顯的動作上，做到「拳勢呼吸」。在練一些過渡動作，及
個人感到呼吸難以結合的動作時，仍需要進行自然呼吸，或
採用輔助呼吸（短暫呼吸）加以過渡調節。

　　所以打太極拳無論什麼時候，無論技術如何熟練，總要
「拳勢呼吸」和「自然呼吸」結合使用，才能保證呼吸與動
作的結合順暢妥善，符合太極拳「氣以直養而無害」的原則
要求。不要簡單地開列「呼吸程序表」，使呼吸機械絕對，
強求統一。尤其是病員或體質較弱的人練太極拳，更應因人
制宜，保持呼吸的自然順遂，不能以力使氣，生硬勉強，違
背呼吸的自然規律，以免有傷身體。

第二章
太極拳的技術內容及套路介紹

第一節　簡化太極拳（二十四式）

「簡化太極拳」是按照由簡到繁，由易到難的原則，對已在群眾中流行的太極拳進行改編、整理的。它改變了過去那種先難後易的鍛鍊順序，去掉了原有套路中過多的重複姿勢動作，集中了原套路的主要結構和技術內容，便於群眾掌握，易學易懂。這套拳共分八個組，包括「起勢」、「收勢」共二十四個姿勢動作。練習者可連貫演練，也可以選擇單式或分組練習。

一、動作名稱

第一組　㈠起勢　　　　　第四組　（九）單鞭
　　　　㈡左右野馬分鬃　　　　　（十）雲手
　　　　㈢白鶴亮翅　　　　　　　（十一）單鞭
第二組　㈣左右摟膝拗步　第五組　（十二）高探馬
　　　　㈤手揮琵琶　　　　　　　（十三）右蹬腳
　　　　㈥左右倒卷肱　　　　　　（十四）雙峰貫耳
第三組　㈦左攬雀尾　　　　　　　（十五）轉身左蹬腳
　　　　㈧右攬雀尾　　　第六組　（十六）左下勢獨立
　　　　　　　　　　　　　　　　（十七）右下勢獨立

第七組　（十八）左右穿梭　**第八組**（二一）轉身搬攔捶
　　　　　（十九）海底針　　　　　（二二）如封似閉
　　　　　（二十）閃通臂　　　　　（二三）十字手
　　　　　　　　　　　　　　　　　（二四）收勢

二、簡化太極拳的套路介紹

　　在文字說明中，凡有「同時」兩字的，不論先寫或後寫身體的某一部分動作，都要求一齊活動，不要分先後去做。

　　動作的方向是以人體的前、後、左、右為依據的，不論怎樣轉變，總是以面對的方向為前，背向的方向為後，身體左側為左，身體右側為右。假設面向南方起勢，對一些完成式面向方向斜度較大的姿勢，特別說明了方向。

第
一
組

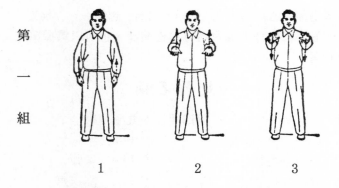

　　　　1　　　　　　　　2　　　　　　　　3

　　㈠、**起勢**　①身體自然直立，兩腳開立，與肩同寬，腳尖向前，兩臂自然下垂，兩手放在大腿外側；眼向前平看（圖1）。

　　要點：頭頸正直，下頦微向後收，不要故意挺胸或收腹。精神要集中。（起勢由立正姿勢開始，然後左腳向左分開

，成開立步。）

②兩臂慢慢向前平舉，兩手高與肩平，與肩同寬，手心向下（圖2、3）。③上體保持正直，兩腿屈膝下蹲；同時兩掌輕輕下按，兩肘下垂與兩膝相對；眼平看前方（圖4）。

要點：兩肩下沈，兩肘鬆垂，手指自然微屈。屈膝鬆腰，臀部不可凸出，身體重心落於兩腿中間。兩臂下落和身體下蹲的動作要協調一致。

（二）、**左右野馬分鬃** ①上體微向右轉，身體重心移至右腿上；同時右臂收在胸前平屈，手心向下，左手經體前向右下劃弧放在右手下，手心向上，兩手心相對成抱球狀；左腳隨即收到右腳內側，腳尖點地；眼看右手（圖5、6）。②

4   5   6

上體微向左轉，左腳向左前方邁出，右腳跟後蹬，右腿自然伸直，成左弓步；同時上體繼續向左轉，左右手隨轉體慢慢分別向左上右下分開，左手高與眼平（手心斜向上），肘微屈；右手落在右胯旁，肘也微屈，手心向下，指尖向前；眼看左手（圖7、8、9）。③上體慢慢後坐，身體重心移至右腿，左腳尖翹起，微向外撇（大約 45°—60°），隨後腳

7   8   9

掌慢慢踏實，左腿慢慢前弓，身體左轉，身體重心再移至左
腿；同時左手翻轉向下，左臂收在胸前平屈，右手向左上劃
弧放在左手下，兩手心相對成抱球狀；右腳隨即收到左腳內
側，腳尖點地；眼看左手（圖 10、11、12）。④右腿向右

10   11   12

前方邁出，左腿自然伸直，成右弓步；同時上體右轉，左右
手隨轉體分別慢慢向左下右上分開，右手高與眼平（手心斜
向上），肘微屈；左手落在左胯旁，肘也微屈，手心向下，
指尖向前；眼看右手（圖 13、14）。⑤與③解同，只是左
右相反（圖 15、16、17）。⑥與④解同，只是左右相反

（圖18、19）。

要點：上體不可前俯後仰，胸部必須寬鬆舒展。兩臂分開時要保持弧形。身體轉動時要以腰為軸。弓步動作與分手的速度要均勻一致。做弓步時，邁出的腳先是腳跟著地，然後腳掌慢慢踏實，腳尖向前，膝蓋不要超過腳尖；後腿自然伸直；前後腳夾角約成 45°—60°（需要時後腳腳跟可以後蹬調整）。野馬分鬃式的弓步，前後腳的腳跟要分在中軸

線兩側，它們之間的橫向距離（即以動作行進的中線為縱軸
，其兩側的垂直距離為橫向）應該保持在 10—30 公分左右。

㈢、**白鶴亮翅** ①上體微向左轉，左手翻掌向下，左臂
平屈胸前，右手向左上劃弧，手心轉向上，與左手成抱球狀
；眼看左手（圖 20）。②右腳跟進半步，上體後坐，身體
重心移至右腳，上體先向右轉，面向右前方眼看右手；然後
左腳稍向前移，腳尖點地，成左虛步，同時上體再微向左轉
，面向前方，兩手隨轉體慢慢向右上左下分開，右手上提停
於右額前，手心向左後方，左手落於左胯前，手心向下，指
尖向前；眼平看前方（圖 21、22）。

20   21   22

要點：完成姿勢胸部不要挺出，兩臂上下都要保持半圓
形，左膝要微屈。身體重心後移和右手上提、左手下按要協
調一致。

㈣、**左右摟膝拗步** ①右手從體前下落，由下向後上方
劃弧至右肩外，手與耳同高，手心斜向上；左手由左下向上
，向右劃弧至右胸前，手心斜向下；同時上體先微向左再向
右轉；左腳收至右腳內側，腳尖點地；眼看右手（圖 23、
24、25）。②上體左轉，左腳向前（偏左）邁出成左弓步；

第
二
組

23　　　　　　24　　　　　　25

同時右手屈回由耳側向前推出，高與鼻尖平，左手向下由左
膝前摟過落於左胯旁，指尖向前；眼看右手手指（圖 26、
27）。③右腿慢慢屈膝，上體後坐，身體重心移至右腿，左
腳尖翹起微向外撇，隨後腳掌慢慢踏實，左腿前弓，身體左
轉，身體重心移至左腿，右腳收到左腳內側，腳尖點地；同
時左手向外翻掌由左後向上劃弧至左肩外側，肘微屈，手與
耳同高，手心斜向上；右手隨轉體向上、向左下劃弧落於左
胸前，手心斜向下；眼看左手（圖 28、29、30）。④與②

26　　　　　27　　　　　28　　　　　29

解同，只是左右相反（圖 31、32）。⑤與③解同，只是左右相反（圖 33、34、35）。⑥與②解同（圖 36、37）。

30　　　　　31　　　　　32　　　　　33

34　　　　　35　　　　　36　　　　　37

要點：前手推出時，身體不可前俯後仰，要鬆腰鬆胯。推掌時要沈肩垂肘、坐腕舒掌，同時須與鬆腰、弓腿上下協調一致。摟膝拗步成弓步時，兩腳跟的橫向距離保持約 30公分左右。

㈤、**手揮琵琶**　右腳跟進半步，上體後坐，身體重心轉

至右腿上，上體半面向右轉，左腳略提起稍向前移，變成左
虛步，腳跟著地，腳尖翹起，膝部微屈；同時左手由左下向
上挑舉，高與鼻尖平，掌心向右，臂微屈；右手收回放在左
臂肘部裡側，掌心向左；眼看左手食指（圖 38、39、40）。

38　　　　　　39　　　　　　40

　　要點：身體要平穩自然，沈肩垂肘，胸部放鬆。左手上
起時不要直向上挑，要由左向上、向前，微帶弧形。右腳跟
進時，腳掌先著地，再全腳踏實。身體重心後移和左手上起
、右手回收要協調一致。

　　㈥、左右倒卷肱　①上體右轉，右手翻掌（手心向上）
經腹前由下向後上方劃弧平舉，臂微屈，左手隨即翻掌向上
；眼的視線隨著向右轉體先向右看、再轉向前方看左手（圖
41、42）。②右臂屈肘折向前，右手由耳側向前推出，手心
向前，左臂屈肘後撤，手心向上，撤至左肋外側；同時左腿
輕輕提起向後（偏左）退一步，腳掌先著地，然後全腳慢慢
踏實，身體重心移到左腿上，成右虛步，右腳隨轉體以腳掌
為軸扭正；眼看右手（圖 43、44）。③上體微向左轉，同
時左手隨轉體向後上方劃弧平舉，手心向上，右手隨即翻掌

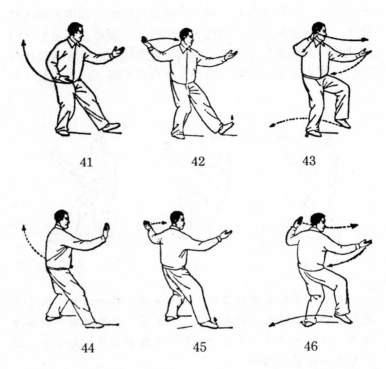

41　　　　　　42　　　　　　43

44　　　　　　45　　　　　　46

，掌心向上；眼隨轉體先向左看，再轉向前方看右手（圖
45）。④與②解同，只是左右相反（圖 46、47）。⑤與③
解同，只是左右相反（圖 48）。⑥與②解同（圖 49、50）。
⑦與③解同（圖 51）。⑧與②解同，只是左右相反（圖 52
、53）。

　　要點：前推的手不要伸直，後撤手也不可直向回抽，隨
轉體仍走弧線。前推時，要轉腰鬆胯，兩手的速度要一致，
避免僵硬。退步時，腳掌先著地，再慢慢全腳踏實，同時，
前腳隨轉體以腳掌為軸扭正。退左腳略向左後斜，退右腳略

47

48

49

50

51

52

53

向右後斜，避免使兩腳落在一條直線上。後退時，眼神隨轉體動作先向左右看，然後再轉看前手。最後退右腳時，腳尖外撇的角度略大些，便於接做「左攬雀尾」的動作。

(七)、左攬雀尾 ①上體微向右轉，同時右手隨轉體向後上方劃弧平舉，手心向上，左手放鬆，手心向下；眼看左手（圖 54）。②身體繼續向右轉，左手自然下落逐漸翻掌經腹前劃弧至右肋前，手心向上；右臂屈肘，手心轉向下，收至右胸前，兩手相對成抱球狀；同時身體重心落在右腿上，左腳收到右腳內側，腳尖點地；眼看右手（圖 55、56）。

第
三
組

54　　　　　　55　　　　　　56

③上體微向左轉，左腳向左前方邁出，上體繼續向左轉，右腿自然蹬直，左腿屈膝，成左弓步；同時左臂向左前方掤出（即左臂平屈成弓形，用前臂外側和手背向前方推出），高與肩平，手心向後；右手向右下落放於右胯旁，手心向下，指尖向前；眼看左前臂（圖 57、58）。

要點：掤出時，兩臂前後均保持弧形。分手、鬆腰、弓腿三者必須協調一致。攬雀尾弓步時，兩腳跟橫向距離不超過 10 公分。

④身體微向左轉，左手隨即前伸翻掌向下，右手翻掌向

57　　　　　　58　　　　　　59

上，經腹前向上、向前伸至左前臂下方；然後兩手下捋（lu
音呂），即上體向右轉，兩手經腹前向右後上方劃弧，直至
右手手心向上，高與肩齊，左臂平屈於胸前，手心向後；同
時身體重心移至右腿；眼看右手（圖59、60）。

　　要點：下捋時，上體不可前傾，臀部不要凸出。兩臂下
捋須隨腰旋轉，仍走弧線。左腳全掌著地。

　　⑤上體微向左轉，右臂屈肘折回，右手附於左手腕裡側
（相距約5公分），上體繼續向左轉，雙手同時向前慢慢
擠出，左手心向後，右手心向前，左前臂要保持半圓；同時
身體重心逐漸前移變成左弓步；眼看左手腕部（圖61、62
）。

　　要點：向前擠時，上體要正直。擠的動作要與鬆腰、弓
腿相一致。

　　⑥左手翻掌，手心向下，右手經左腕上方向前、向右伸
出，高與左手齊，手心向下，兩手左右分開，寬與肩同；然
後右腿屈膝，上體慢慢後坐，身體重心移至右腿上，左腳尖
翹起；同時兩手屈肘回收至腹前，手心均向前下方；眼向前

60　　　　　61　　　　　62　　　　　63

平看（圖 63、64、65）。

　⑦上式不停，身體重心慢慢前移，同時兩手向前、向上按出，掌心向前；左腿前弓成左弓步；眼平看前方（圖 66）。

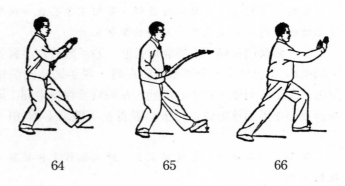

64　　　　　65　　　　　66

　要點：向前按時，兩手須走曲線，手腕部高與肩平，兩肘微屈。

　（八）、右攬雀尾　①上體後坐並向右轉，身體重心移至右腿，左腳尖裡扣；右手向右平行劃弧至右側，然後由右下經

腹前向左上劃弧至左肋前，手心向上；左臂平屈胸前，左手掌向下與右手成抱球狀；同時身體重心再移至左腿上，右腳收至左腳內側，腳尖點地；眼看左手（圖 67、68、69、70）

67　　　　　　　68　　　　　　　69

。②同「左攬雀尾」③解，只是左右相反（圖 71、72）。
③同「左攬雀尾」④解，只是左右相反（圖 73、74）。④

70　　　　　71　　　　　72　　　　　73

同「左攬雀尾」⑤解，只是左右相反（圖 75、76）。⑤同「左攬雀尾」⑥解，只是左右相反（圖 77、78、79）。⑥

74　　　　　75　　　　　76　　　　　77

78　　　　　79　　　　　80

同「左攬雀尾」⑦解，只是左右相反（圖 80）。

　　要點：均與「左攬雀尾」相同，只是左右相反。

　　㈨、單鞭　①上體後坐，身體重心逐漸移至左腿上，右
腳尖裡扣；同時上體左轉，兩手（左高右低）向左弧形運轉
，直至左臂平舉，伸於身體左側，手心向左，右手經腹前運
至左肋前，手心向後上方；眼看左手（圖 81、82）。②身
體重心再漸漸移至右腿上，上體右轉，左腳向右腳靠攏，腳
尖點地；同時右手向右上方劃弧（手心由裡轉向外），至右
側方時變鉤手，臂與肩平；左手向下經腹前向右上劃弧停於

右肩前，手心向裡；眼看左手（圖 83、84）。③上體微向左轉，左腳向左前側方邁出，右腳跟後蹬，成左弓步；在身體重心移向左腿的同時，左掌隨上體的繼續左轉慢慢翻轉向前推出，手心向前，手指與眼齊平，臂微屈；眼看左手（圖85、86）。

第

四

組

81　　　　　82　　　　　83

84　　　　　85　　　　　86

　　要點：上體保持正直，鬆腰。完成式時，右臂肘部稍下垂，左肘與左膝上下相對，兩肩下沈。左手向外翻掌前推時，要隨轉體邊翻邊推出，不要翻掌太快或最後突然翻掌。全

部過渡動作，上下要協調一致。如面向南起勢，單鞭的方向（左腳尖）應向東偏北（大約為15°）。

（十）、雲手　①身體重心移至右腿上，身體漸向右轉，左腳尖裡扣；左手經腹前向右上劃弧至右肩前，手心斜向後，同時右手變掌，手心向右前；眼看左手（圖 87、88、89）。②上體慢慢左轉，身體重心隨之逐漸左移；左手由臉

87　　　　　　88　　　　　　89

前向左側運轉，手心漸漸轉向左方；右手由右下經腹前向左上劃弧，至左肩前，手心斜向後；同時右腳靠近左腳，成小開立步（兩腳距離約 10—20 公分）；眼看右手（圖 90、91）。③上體再向右轉，同時左手經腹前向右上劃弧至右肩前，手心斜向後；右手向右側運轉，手心翻轉向右；隨之左腿向左橫跨一步；眼看左手（圖 92、93、94）。④同②解（圖 95、96）。⑤同③解（圖 97、98、99）。⑥同②解（圖 100、101）。

　　要點：身體轉動要以腰脊為軸，鬆腰、鬆胯，不可忽高忽低。兩臂隨腰的轉動而運轉，要自然圓活，速度要緩慢均勻。下肢移動時，身體重心要穩定，兩腳掌先著地再踏實，腳尖向前。眼的視線隨左右手而移動。第三個「雲手」，右

90　　　　91　　　　92　　　　93

94　　　　95　　　　96　　　　97

98　　　　99　　　　100　　　　101

脚最後跟步時，脚尖微向裡扣，便於接「單鞭」動作。

（十一）、**單鞭**　①上體向右轉，右手隨之向右運轉，至右側方時變成鈎手；左手經腹前向右上劃弧至右肩前，手心向內；身體重心落在右腿上，左脚尖點地；眼看左手（圖102、103、104）。②上體微向左轉，左脚向左前側方邁出，右脚跟後蹬，成左弓步；在身體重心移向左腿的同時，上體繼續左轉，左掌慢慢翻轉向前推出，成「單鞭」式（圖105、106）。

102　　　　　　103　　　　　　104

105　　　　　　　　　106

要點：與前「單鞭」式相同。

（十二）、**高探馬**　①右腳跟進半步，身體重心逐漸後移至右腿上；右鈎手變成掌，兩手心翻轉向上，兩肘微屈；同時身體微向右轉，左腳跟漸漸離地；眼看左前方（圖 107）。②上體微向左轉，面向前方；右掌經右耳旁向前推出，手心向前，手指與眼同一高；左手收至左側腰前，手心向上；同時左腳微向前移，腳尖點地，成左虛步；眼看右手（圖 108）。

第

五

組

107　　　　　　　108　　　　　　　109

　要點：上體自然正直，雙肩要下沈，右肘微下垂。跟步移換重心時，身體不要有起伏。

（十三）、**右蹬腳**　①左手手心向上，前伸至右手腕背面，兩手相互交叉，隨即向兩側分開並向下劃弧，手心斜向下；同時左腳提起向左前側方進步（腳尖略外撇）；身體重心前移，右腳自然蹬直，成左弓步；眼看前方（圖 109、110、111）。②兩手由外圈向裡圈劃弧，兩手交叉合抱於胸前，右手在外，手心均向後；同時右腳向左腳靠攏，腳尖點地；眼平看右前方（圖 112）。③兩臂左右劃弧分開平舉，肘部微屈，手心均向外；同時右腿屈膝提起，右腳向右前方

慢慢蹬出；眼看右手（圖 113、114）。

　　要點：身體要穩定，不可前俯後仰。兩手分開時，腕部
與肩齊平。蹬腳時，左腿微屈，右腳尖回鈎，勁使在腳跟。
分手和蹬腳須協調一致。右臂和右腿上下相對。如面向南起
勢，蹬腳方向應為正東偏南（約 30°）。

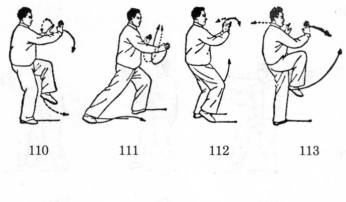

110　　　　　111　　　　　112　　　　　113

114　　　　　115　　　　　116

　　（十四）、**雙峰貫耳**　①右腿收回，屈膝平舉，左手由
後向上、向前下落至體前，兩手心均翻轉向上，兩手同時向
下劃弧分落於右膝蓋兩側；眼看前方（圖 115、116）。②

右腳向右前方落下，身體重心漸漸前移，成右弓步，面向右前方；同時兩手下落，慢慢變拳，分別從兩側向上、向前劃弧至面部前方，成鉗形狀，兩拳相對，高與耳齊，拳眼都斜向內下（兩拳中間距離約 10—20 公分）；眼看右拳（圖117、118）。

要點：完成式時，頭頸正直，鬆腰鬆胯，兩拳鬆握，沈肩垂肘，兩臂均保持弧形。雙峰貫耳式的弓步和身體方向與右蹬腳方向相同。弓步的兩腳跟橫向距離同「攬雀尾」式。

117   118   119   120

（十五）、轉身左蹬腳　①左腳屈膝後坐，身體重心移至左腿，上體左轉，右腳尖裡扣；同時兩拳變掌，由上向左右劃弧分開平舉，手心向前；眼看左手（圖 119、120）。②身體重心再移至右腿，左腳收到右腳內側，腳尖點地；同時兩手由外圈向裡圈劃弧合抱於胸前，左手在外，手心均向後；眼平看左方（圖 121、122）。③兩臂左右劃弧分開平舉，肘部微屈，手心均向外；同時左腿屈膝提起，左腳向左前方慢慢蹬出；眼看左手（圖 123、124）。

要點：與右蹬腳式相同，只是左右相反。左蹬腳方向與

121　　　　122　　　　123　　　　124

右蹬腳成 180° （即正西偏北，約 30° ）。

（十六）、**左下勢獨立**　①左腿收回平屈，上體右轉；右掌變成鈎手，左掌向上、向右劃弧下落，立於右肩前，掌心斜向後；眼看右手（圖 125、126）。②右腿慢慢屈膝下蹲，左腿由內向左側（偏後）伸出，成左僕步；左手下落（掌心向外）向左下順左腿內側向前穿出；眼看左手（圖 127、128）。

第
六
組

125　　　　　126　　　　　127

要點：右腿全蹲時，上體不可過於前傾。左腿伸直，左

腳尖須向裡扣，兩腳腳掌全部著地。左腳尖與右腳跟踏在中軸線上。

③身體重心前移，左腳跟為軸，腳尖盡量向外撇，左腿前弓，右腿後蹬，右腳尖裡扣，上體微向左轉並向前起身；同時左臂繼續向前伸出（立掌），掌心向右，右鈎手下落，鈎尖向後；眼看左手（圖 129）。④右腿慢慢提起平屈，成

128　　　　　　　　129

左獨立式；同時右鈎手變成掌，並由後下方順右腿外側向前弧行擺出，屈臂立於右腿上方，肘與膝相對，手心向左；左手落於左胯旁，手心向下，指尖向前；眼看右手（圖 130、131）。

　要點：上體要正直，獨立的腿要微屈，右腿提起時腳尖自然下垂。

　（十七）、**右下勢獨立**　①右腳下落於左腳前，腳掌著地然後左腳前掌為軸腳跟轉動，身體隨之左轉；同時左手向後平舉變成鈎手，右掌隨著轉體向左側劃弧，立於左肩前，掌心斜向後；眼看左手（圖 132、133）。②同「左下勢獨立」②解，只是左右相反（圖 134、135）。③同「左下勢獨立」③解，只是左右相反（圖 136）。④同「左下勢獨立」

130　　　　　131　　　　　132

133　　　　　134　　　　　135

④解，只是左右相反（圖 137、138 ）。

　　要點：右腳尖觸地後必須稍微提起，然後再向下僕腿。
其他均與「左下勢獨立」相同，只是左右相反。

　　（十八）、左右穿梭　①身體微向左轉，左腳向前落地
，腳尖外撇，右腳跟離地，兩腿屈膝成半坐盤式；同時兩手
在左胸前成抱球狀（左上右下）；然後右腳收到左腳的內側
，腳尖點地；眼看左前臂（圖 139、140、141 ）。②身體右
轉，右腳向右前方邁出，屈膝弓腿，成右弓步；同時右手由

136　　　　　　137　　　　　　138

第
七
組

139　　　　　　140　　　　　　141

臉前向上舉並翻掌停在右額前，手心斜向上；左手先向左下
再經體前向前推出，高與鼻尖平，手心向前；眼看左手（圖
142、143、144）。③身體重心略向後移，右腳尖稍向外撇
，隨即身體重心再移至右腿，左腳跟進，停於右腳內側，腳
尖點地；同時兩手在右胸前成抱球狀（右上左下）；眼看右
前臂（圖 145、146）。④同②解，只是左右相反（圖 147
、148、149）。

142　　　143　　　144

145　　　146　　　147　　　148

　　要點：完成姿勢面向斜前方（如面向南起勢，左右穿梭方向分別為正西偏北和正西偏南，均約 30°）。手推出後，上體不可前俯。手向上舉時，防止引肩上聳。一手上舉一手前推要與弓腿鬆腰上下協調一致。做弓步時，兩腳跟的橫向距離同摟膝拗步式，保持在 30 公分左右。

　　（十九）、海底針　右腳向前跟進半步，身體重心移至右腿，左腳稍向前移，腳尖點地，成左虛步；同時身體稍向右轉，右手下落經體前向後、向上提抽至肩上耳旁，再隨身

體左轉，由右耳旁斜向前下方插出，掌心向左，指尖斜向下
；與此同時，左手向前，向下劃弧落於左胯旁，手心向下，
指尖向前；眼看前下方（圖 150、151）。

| 149 | 150 | 151 |

　　要點：身體要先向右轉，再向左轉。完成姿勢，面向正
西。上體不可太前傾。避免低頭和臀部外凸。左腿要微屈。

　　（二〇）、**閃通臂**　上體稍向右轉，左腳向前邁出，屈
膝弓腿成左弓步；同時右手由體前上提，屈臂上舉，停於右
額前上方，掌心翻轉斜向上，拇指朝下；左手上起經胸前向
前推出，高與鼻尖平，手心向前；眼看左手（圖 152、153
、154）。

　　要點：完成姿勢上體自然正直，鬆腰、鬆胯；左臂不要
完全伸直，背部肌肉要伸展開。推掌、舉掌和弓腿動作要協
調一致。弓步時，兩腳跟橫向距離同「攬雀尾」式（不超過
10 公分）。

　　（二一）、**轉身搬攔捶**　①上體後坐，身體重心移至右
腿上，左腳尖裡扣，身體向右後轉，然後身體重心再移至左
腿上；與此同時，右手隨著轉體向右、向下（變拳）經腹前

152　　　　　153　　　　　154

劃弧至左肋旁，拳心向下；左掌上舉於頭前，掌心斜向上；
眼看前方（圖 155、156）。②向右轉體，右拳經胸前向前

第
八
組

155　　　　　156　　　　　156（附）

翻轉撇出，拳心向上；左手落於左胯旁，掌心向下，指尖向
前；同時右腳收回後（不要停頓或腳尖點地）即向前邁出，
腳尖外撇；眼看右拳（圖 157、158）。③身體重心移至右
腿上，左腳向前邁一步；左手上起經左側向前上劃弧攔出，
掌心向前下方；同時右拳向右劃弧收到右腰旁，拳心向上；
眼看左手（圖 159、160）。④左腿前弓成左弓步，同時右

157　　　157（附）　　　158　　　　159

拳向前打出，拳眼向上，高與胸平，左手附於右前臂裡側；
眼看右拳（圖 161）。

　　要點：右拳不要握得太緊。右拳回收時，前臂要慢慢內
旋劃弧，然後再外旋停於右腰旁，拳心向上。向前打拳時，
右肩隨拳略向前引伸，沈肩垂肘，右臂要微屈。弓步時，兩
腳橫向距離同「攬雀尾」式。

　　（二二）、**如封似閉**　　①左手由右腕下向前伸出，右拳
變掌，兩手手心逐漸翻轉向上並慢慢分開回收；同時身體後
坐，左腳尖翹起，身體重心移至右腿；眼看前方（圖 162、

160　　　　　　　161　　　　　　162

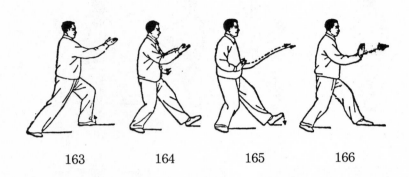

163　　　164　　　165　　　166

167　　　168　　　169

163、164）。②兩手在胸前翻掌，向下經腹前再向上、向前
推出，腕部與肩平，手心向前；同時左腿前弓成左弓步；眼
看前方（圖 165、166、167）。

　　要點：身體後坐時，避免後仰，臀部不可凸出。兩臂隨
身體回收時，肩、肘部略向外鬆開，不要直著抽回。兩手推
出寬度不要超過兩肩。

　　（二三）、十字手　①屈膝後坐，身體重心移向右腿，
左腳尖裡扣，向右轉體；右手隨著轉體動作向右平擺劃弧，

與左手成兩臂側平舉，掌心向前，肘部微屈；同時右腳尖隨著轉體稍向外撇，成右側弓步；眼看右手（圖 168、169）。②身體重心慢慢移至左腿，右腳尖裡扣，隨即向左收回，兩腳距離與肩同寬，兩腿逐漸蹬直，成開立步；同時兩手向下經腹前向上劃弧交叉合抱於胸前，兩臂撐圓，腕高與肩平，右手在外，成十字手，手心均向後；眼看前方（圖 170、171）。

　　要點：兩手分開和合抱時，上體不要前俯。站起後，身體自然正直，頭要微向上頂，下頦稍向後收。兩臂環抱時須圓滿舒適，沈肩垂肘。

　　（二四）、**收勢**　兩手向外翻掌，手心向下，兩臂慢慢下落，停於身體兩側；眼看前方（圖 172、173、174）。

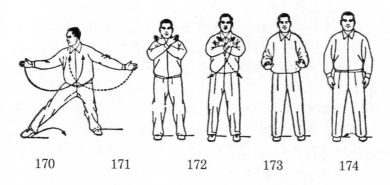

170　　　　171　　　　172　　　　173　　　　174

　　要點：兩手左右分開下落時，要注意全身放鬆，同時氣也徐徐下沈（呼氣略加長）。呼吸平穩後，把左腳收到右腳旁，再走動休息。

第二節 四十八式太極拳

一、四十八式太極拳的特點

幾百年來，太極拳流行於我國民間，有著廣泛的群眾基礎和很好的醫療健身作用，是我國的一項寶貴文化遺產。1956 年，國家體委經過調查研究，根據內容簡明、易學易練、先易後難的原則，編寫出版了「簡化太極拳」，為全國廣大愛好者初學太極拳提供了方便，有力地推動了太極拳的廣泛開展。現在，以「簡化太極拳」為主要內容的群眾性太極拳活動已經遍及我國城鄉，成為深受歡迎的體育項目和保健醫療手段。人民要求普及，跟著也就要求提高。四十八式太極拳正是為了滿足廣大群眾這一要求而編寫的。

「四十八式太極拳」在鍛鍊要領上與「簡化太極拳」是一致的。它們都較好地發揚了傳統太極拳輕鬆柔和，圓活自然，綿綿不斷的運動特點，體現了心靜體鬆，意領身隨，剛柔相濟的基本要求。然而，四十八式太極拳作為「簡化太極拳」的繼續和提高，增加了技術內容，加大了難度和運動量，風格上也有一定的發展。它仍以楊式大架太極拳為基礎，同時也吸取了其他流派太極拳的一些特點和練法，從而形成了舒展圓活，均衡全面，生動簡練的拳路風格。

概括起來，四十八式太極拳具有下述特點：

㈠內容充實

整個拳套共有四十八個姿勢動作，比「簡化太極拳」二十四式增加了一倍。其中包括：拳、掌、勾三種手型；弓步、虛步、僕步、歇步、丁步、半馬步、獨立步、開立步、橫

禢步九種步型；分腳、蹬腳、拍腳、擺蓮腳四種腿法以及多種多樣的手法、步法。這些動作既體現了太極拳的主要內容，又減少了傳統套路中存在的動作重複，一般左式右式各出現一次。

㈡動作圓活

四十八式太極拳的動作不僅採用了楊式太極拳的立圓轉換，而且多次運用吳式、孫式等傳統套路的平圓手法。

如單鞭、捋擠勢中的雲轉和穿抹；進步栽捶，左右穿梭，右蹬腳等動作的平圓立圓變換銜接，使動作更加圓活協調，富於變化，在步法上，四十八式在穩定輕靈的基礎上，吸取了武式、孫式等流派的撤步、跟步練法，增加了步法的靈活性。在姿勢造型上，四十八式力求做到舒展大方，氣勢完整。如斜身靠、獨立跨虎、白蛇吐信、轉身大捋等拳勢，既表現了武術特點，又有很好的藝術造型。

㈢均衡全面

四十八式注意了鍛鍊的全面性、動作左右勻稱。一些典型動作，如單鞭、雲手、搬攔捶等，在左式的基礎上增加了對稱的右式，這就克服了某些傳統套路偏於一側，左右不均的「一頭沈」現象，再從兩腿負荷上看，全套弓步共出現二十九次，其中左弓步十五次，右弓步十四次；虛步共出現十二次，其中左虛步七次，右虛步五次；僕步、獨立步共出現六次，其中左右腿各負重三次，這樣基本上做到了兩腿負荷平衡，鍛鍊全面。此外在手法運用上還注意加大了拳法比重，各種拳法約占全部動作的三分之一，大大突破了傳統套路中所謂「太極五捶」的侷限。

㈣編排合理

整個拳套分為六段，出現兩次高潮。第一段包括七個式

子，著重於基本手型手法、步型步法的練習，重點動作是捋擠勢。第二段包括第八式～第十三式，增加了步法、身法的靈活轉換，重點動作是轉身推掌。第三段包括第十四式～第十九式，是拳套的一次高潮，動作起伏轉折較大，重點動作是拍腳伏虎。第四段包括第二十式～第二十八式，重點動作是左、右蹬腳。第五段包括第二十九式～第三十六式，重點動作是左右穿梭。四、五兩段側重了平衡、柔韌和協調性練習，如分腳、蹬腳、雲手、穿梭等動作，都對有關素質和身體機能提出了較高要求。第六段是整個拳套的最後高潮，包括最後十二個式子。其中有三種手型、七種步型、一種外擺腿法以及多種手法、步法和身法的順逆直橫、起伏轉換，重點是轉身大捋、轉身擺蓮兩個旋轉性動作。

　　整套拳以「白鶴亮翅」為開門勢，經過三個往返，兩次高潮，最後以「掤捋擠按」、「十字手」趨於和緩而收勢。在編排上層層相疊，疏密相間，一氣呵成。

　　㈤易於開展

　　四十八式太極拳在內容上、風格上都力求與「簡化太極拳」銜接適應。「簡化太極拳」的全部動作，都被「四十八式」直接採用或稍做變化後採用。這就使廣大群眾學會「簡化太極拳」以後，可以比較容易地繼續學習四十八式太極拳。試點經驗證明，一般在掌握「簡化太極拳」的基礎上，用十幾個學時就可學會。

　　在選材上，四十八式太極拳盡量選擇群眾熟悉喜愛，開展較廣的姿勢動作。對於一些難度較大的動作和發勁動作，如拍腳伏虎、俺手撩拳等，都規定了不同的練法和幅度，以適應不同體質、不同愛好的群眾特點，為四十八式太極拳的普及開展創造了有利條件。

二、四十八式太極拳的基本要領

㈠、手型

1.**拳**：五指卷屈、自然握攏，拇指壓於食指、中指第二指節上。

2.**掌**：五指微屈分開，掌心微含，虎口成弧形。

3.**勾**：五指第一指節自然捏攏，屈腕。

各種手型都要求用力自然、舒展，不可僵硬。握拳不要過緊；掌指不要僵直，也不要鬆軟過屈；腕部要保持鬆活。

㈡、主要手法

1.**掤**：臂成弧形，前臂由下向前掤架，橫於體前，掌心向內，高與肩平；著力點在前臂外側。

2.**捋**：兩臂稍屈，掌心斜相對，兩掌隨腰的轉動，由前向後劃弧捋至體側或體後側。

3.**擠**：後手貼近前手的前臂內側，兩臂同時向前擠出；擠出後兩臂撐圓，高不過肩，低不過胸，著力點在後手掌指和前手的前臂。

4.**按**：兩掌同時由後向前推按；按出後，手腕高不過肩，低不過胸，掌心向前，指尖朝上；臂稍屈，肘部鬆沈。按時與弓腿、鬆腰協調一致。

5.**打拳（衝拳）**：拳從腰間旋轉向前打出；打出後拳眼向上成立拳，高不過肩，低不過襠，臂微屈，肘部不可僵直，著力點在拳面。

6.**栽拳**：拳從上向前下方栽打；打出後拳面向前下方，虎口向一側，著力點在拳面。

7.**貫拳**：拳從側下方向斜上方弧形橫打；臂稍屈，拳眼斜向下，著力點在拳面。

8.撇拳：拳從上向前撇打；拳心斜向上，高與頭平，著力點在拳背。

9.穿拳：拳沿著另一手臂或大腿內側伸出。

10.撩拳：臂由屈到伸，拳經下向前或前下撩打；撩出後拳心向下，高不過肩，低不過襠。

11.抱掌：兩掌心上下相對或稍錯開，在體前或體側成抱球狀；上手高不過肩，下手約與腰平，兩掌撐圓，兩臂成弧形，鬆肩垂肘。

12.分掌：兩掌向斜前方與斜後方或向斜上方與斜下方分開；分掌後前手停於頭前或體前，後手按於胯旁，兩臂微屈成弧形。

13.摟掌：掌經膝前橫摟，停於胯旁，掌心向下。

14.推掌：掌從肩上或胸前向前推出，掌心向前，指尖向上，指高不過眉，低不過肩，臂微屈成弧形，肘部不可僵直。

15.穿掌：掌沿另一手臂或大腿內側伸出。

16.雲手：兩掌在體前交叉向兩側劃立圓，指高不過頭、低不過襠；兩掌在雲撥中翻轉撺裹。

17.撩掌：掌經下向前或前下方撩出，掌心向上或向前上方，高不過胸，低不過襠。

18.架掌：屈臂上舉，掌架於額前斜上方，掌心斜向外。

19.撐掌：兩掌上下分撐，對稱用力。

20.壓掌：拇指向內、掌心向下，橫掌下落壓按。

21.托掌：掌心向上，掌由下向上托舉。

22.採：掌由前向斜下捋帶。

23.挒：掌向斜外側撕打。

24.靠：肩、背或上臂向斜外發力。

25.滾肘：前臂豎於體前，邊旋轉邊向外撅擋。

各種手法均要求走弧形路線，前臂做相應旋轉，不可直來直往，生硬轉折，並注意與身法、步法協調配合。臂伸出後，肩、肘要鬆沈，腕要鬆活，掌指要舒展，皆不可僵硬或浮軟。關於手法的著力點，主要是說明其攻防含義，練習中應重意不重力地去體現，不可故意僵勁。

㈢、步型

1.弓步：前腿屈膝，大腿斜向地面，膝與腳尖基本垂直，腳尖直向前；後腿自然伸直，腳尖斜向前約 45°～60°。兩腳全腳著地。

2.虛步：後腿屈蹲，大腿斜向地面（高於水平），腳跟與臀部基本垂直，腳尖斜向前，全腳著地；前腿稍屈，用前腳掌、腳跟或全腳著地。

3.僕步：一腿全蹲，全腳著地，腳尖稍外展；另一腿自然伸直於體側，接近地面，全腿著地，腳尖內扣。

4.獨立步：支撐腿微屈站穩，另一腿屈膝提起，舉於體前，大腿高於水平。

5.開立步：兩腳平行開立、寬不過肩，兩腿直立或屈蹲。

6.歇步：兩腿交叉屈蹲，前後相疊，後膝接近前腿膝窩。前腳全腳著地，腳尖外展，後腳前腳掌著地，腳尖向前。

7.半馬步：前腳直向前，後腳橫向外，兩腳相距約二至三腳長，全腳著地。兩腿屈蹲，大腿高於水平，體重略偏於後腿。

8.丁步（點步）：一腿屈蹲，全腳著地，另一腿屈收，腳停於支撐腳內側或側前、側後約 10 公分處，前腳掌虛點地面。

9.橫襠步（側弓步）：兩腳左右開立，同弓步寬，腳尖

皆向前；一腿屈蹲，膝與腳尖垂直，另一腿自然伸直。

各種步型都要自然穩健，虛實分明。胯要縮，膝要鬆，臀要歛，足要扣。兩腳距離不可過大過小，並須保持適當跨度，尤其拗步步型，兩腳不要踩在一條線上，以利鬆腰鬆胯、氣沈丹田、穩定重心。

㈣、主要步法

1.**上步**：後腳向前一步或前腳向前半步。

2.**退步**：前腳向後退一步。

3.**撤步**：前腳或後腿向後退半步。

4.**進步**：兩腳連續各前進一步。

5.**跟步**：後腳向前跟進半步。

6.**側行步**：兩腳平行，連續依次側移。

7.**蓋步**：一腳經支撐腳前向側方落。

8.**插步**：一腳經支撐腳後向側方落。

9.**碾腳**：以腳跟為軸，腳尖外展或內扣；以前腳掌為軸，腳跟外展。

各種步法變換要求輕靈沈穩，虛實分明。前進時，腳跟先落地；後退時，前腳掌先落地，邁步如貓行，不可平起平落、沈重笨滯。兩腳前後和橫向距離要適當，腳掌或腳跟碾轉要適度，以利重心穩定，姿勢和順。伸直腿要自然，膝部不可挺直。

㈤、腿法

1.**蹬腳**：支撐腿微屈站穩，另一腿屈膝提起，小腿上擺，腳尖回勾，腳跟外蹬，高過腰部。

2.**分腳**：支撐腿微屈站穩，另一腿屈膝提起，然後小腿上擺，腳面繃平，腳尖向前踢出，高過腰部。

3.**拍腳**：支撐腿微屈站穩，另一腿向上擺踢，腳面繃平

，手掌在額前迎拍腳面。

4.擺蓮腳：支撐腿微屈站穩，另一腿從異側踢起，經面前向外做扇形擺動，腳面繃平，兩手在額前依次迎拍腳面，擊拍兩響。

各種腿法均要求支撐穩定，膝關節不可僵直，胯關節鬆活，上體維持中正，不可低頭彎腰、前俯後仰、左右歪斜。

㈥、身型、身法、眼法

1.身型

①頭：虛領頂勁。不可偏歪搖擺。

②頸：自然豎直，肌肉不可緊張。

③肩：保持鬆沈，不可上聳，也不要後張或前扣。

④肘：沈墜鬆垂，自然彎屈，不可僵直或揚吊。

⑤胸：舒鬆微含，不可挺胸，也不要故意內縮。

⑥背：舒展拔背，不可駝背。

⑦腰：鬆活自然，不可後弓或前挺。

⑧脊：中正豎直，不要左右歪扭。

⑨臀：向內收斂，不可外突或搖擺。

⑩胯：鬆正縮收，不要僵挺或左右突出。

⑪膝：屈伸自然鬆活，不要僵直。

2.身法

保持中正安舒，旋轉鬆活，不偏不倚，自然平穩。動作以腰為軸，帶動四肢，上下相隨，不可僵滯浮軟、俯仰歪斜、忽起忽落。

3.眼法

總的要求是思想集中，意念引導，精神貫注，神態自然。定勢時，眼平視前方或注視兩手，換勢中，眼神與手法、身法協調配合。

㈦、動作要領

1.體鬆心靜，呼吸自然。身體各部自然舒鬆，不用拙力。思想安靜集中，專心引導動作。呼吸自然平穩，深長細勻，並與動作和運勁協調配合，一般規律是「虛吸實呼」、「開吸合呼」、「起吸落呼」，不可勉強憋氣。

2.動作弧形，虛實分清。動作變換要走弧形，不可直來直去、生硬轉換。重心移動要沈穩、虛實分明，不可呆滯雙重。

3.上下相隨，圓活完整。動作要以腰為軸，帶動四肢，上下配合，完整一體。不可手腳脫節、腰身分離、割裂斷勁。

4.均勻連貫，和順自然。動作要連貫柔和，綿綿不斷。速度保持大體均勻，不可忽快忽慢。遇有發勁、拍腳動作，速度可以有所變化，但需保持前後銜接自然，氣勢完整不散。

5.輕靈沈穩，剛柔相濟。運勁要輕靈不浮，沈穩不僵，外柔內實，剛柔相濟。發勁要起於腰腿，達於兩手，彈性展放，剛中寓柔。

三、四十八式太極拳練習步驟

打太極拳和練習其他體育項目一樣，要經過一個由生到熟，由熟到巧的逐步提高過程。

大致說來，學習打太極拳可以分成三個階段，有人稱做三步功夫。第一階段，應該在姿勢上、動作上打好基礎。初學拳時要把拳套中的手型、手法、步型、步法、身型、身法以及腿法、眼法等基本技術要領弄清楚，做到姿勢正確舒展，動作穩定柔和。第二階段，注意掌握動作變化規律和運動特點，做到連貫圓活，上下相隨，協調自然。第三階段，著重勁力的運用和意念，呼吸與動作的結合，做到輕靈沈著、

剛柔相濟，意、氣、力內外合一。

現把練習四十八式太極拳的各步驟要點簡述如下：

在打基礎的第一階段，應注意以下幾點。

㈠**端正**：打太極拳首先要保持身體中正安舒，姿勢正確。在懸頭監豎項、沈肩垂肘、鬆腰歛臀等要領中，特別要注意腰脊中正，兩肩兩胯放鬆放平，以保持上體的自然正直。身體其他部位的姿勢也要認真按動作要求做好。實際上忽視任何一個部位的要領，都會牽扯其他部位的姿勢變形。如臀部外凸，必然連及腰部、胸部前挺、腹肌緊張，造成錯誤動作定型。故在初學時切不可貪多求快、潦草從事。

㈡**穩定**：要使上體端正舒展，必須首先保持下肢穩定。步型、步法是整個姿勢的基礎。如果步子過小過窄或腳的位置、角度不對，變換動作時虛實不清，勢必造成身體重心不穩，因此必須首先把步型、步法的要求弄清楚。可以通過單練各種樁步和步法，恰當地掌握身體重心變換的時機。還可根據具體情況，多做各種腿法（蹬腳、分腳、踢腿等）和增進腰部柔韌性的練習，也能夠增強下肢力量，有利於提高動作的穩定性。

㈢**舒鬆**：初學時，在姿勢動作中要注意舒鬆自然，按照具體要求把動作做得舒展柔和。初學者往往容易使用拙力，造成不必要的緊張。打基礎時應從舒鬆柔和的要求入手，注意克服緊張、生硬的毛病。

㈣**輕柔**：為了較快地掌握太極拳輕緩柔和的運動特點，初學時注意動作要慢、要柔，用力要輕、要勻。一般說來，初學時動作慢一些，用力輕一些，易於使動作準確，速度均勻，消除拙力。

第二階段應著重於掌握太極拳的動作規律，體現太極拳

運動特點，要注意以下幾點。

㈠**連貫**：在姿勢動作有了一定基礎之後，就要努力做到節節貫穿。各個姿勢動作要前後銜接，一氣呵成，好像行雲流水一樣，前一個動作的完成，就是下一個動作的開始。比如初學時可以把掤、捋、擠、按四個局部動作分解開來；熟練之後，就要把四個動作銜接在一起，動作之間雖然仍要保持一定的節奏感（即在一個動作做完後，微微一沈），但要在似停非停之際立刻接做下一個動作，整個過程要保持前後連貫，環環銜接，不可鬆懈。

㈡**協調**：練太極拳是全身活動，要求上下相隨，完整一氣，全身各部位的運動保持協調一致。比如做「雲手」動作，腰脊轉動，帶動兩臂在空間劃圓，兩掌隨著臂部運動不斷地內外翻轉，兩腿支撐整個身體左右移動和旋轉，頭部也隨軀幹自然扭轉，同時兩眼不斷注視交換的上手，這樣就形成了一個處處牽連，密切配合的全身運動。

㈢**圓活**：太極拳的動作是以各種弧形、曲線構成的。認識和掌握這一規律，就能自覺地避免直來直往和轉死彎、拐直角的現象，使動作圓活不滯。在動作要領上，要特別注意運用腰脊帶動四肢進行活動，只有做到以腰為軸，才能使手法、步法變轉圓活，動作輕靈順逡。

第三階段：過去有人把這個時期稱為「由招熟而漸悟懂勁」的階段，或者叫做「練意、練氣、練勁」的階段。練習中要注意掌握以下要點。

㈠**虛實分明，剛柔相濟**

在武術練習中，常常把矛盾轉換概括稱作虛實變化。太極拳從整體動作來分，除個別情況外，動作達到終點定勢為「實」，動作變轉過程為「虛」。從局部動作來分，主要支

撐體重的腿為實，輔助支撐或移動換步腿為虛；體現動作主要內容的手臂為實，輔助、配合的手臂為虛。分清了動作的虛實，用力的時候，就要有張有弛，區別對待。實的動作和部位，用力要求沈著、充實；虛的動作和部位，要求輕靈、含蓄。例如，動作達到定勢或趨於完成時，腰脊和關節要鬆沈、穩定。動作轉變運動時，全身各關節要舒鬆、活潑。上肢動作由虛而實時，前臂要沈著，手掌逐漸舒指、展掌、塌腕，握拳要由鬆而緊；由實而虛時，前臂運轉要輕靈，手掌略微含蓄，握拳由緊而鬆。這樣，結合動作虛實變化，勁力有柔有剛、張弛交替，打起拳來就可輕靈、沈著，避免不分主次、平均用力和雙重、呆滯的毛病。

㈡連綿不斷，勁力完整

太極拳的勁力除要求剛柔相濟外，還要求均勻完整，時時處處不斷勁。如同傳統理論中所說「勿使有凹凸處，勿使有斷續處」。斷勁就是指力量的中斷、停頓、脫節、突變。要使勁力綿綿不斷，就要在動作連貫、協調、圓活的基礎上掌握運勁規律。太極拳用力要求發自腰腿，運用於兩臂、兩手、達於手指，動作起來，以腰為樞紐，周身完整一氣。凡是腰部的旋轉都和腿的屈伸、腳的外撇裡扣、身體重心移動相配合一致。兩臂運轉也要腰部旋轉帶動下進行。

強調腰腿發力，周身完整，不是忽視上肢作用。太極拳中兩臂變化最多，是勁力運用的集中表現。

比如前臂外旋時，小指一側微微用力，好似向外搠勁；前臂內旋時，拇指一側微微用力，好似向裡裹勁；前推時，除腕部微微塌住勁外，可注意中指或食指領勁，意念中好像力量貫注到指尖。這樣儘管動作千變萬化，但勁力始終貫串銜接、完整一氣，做到勢換勁不斷。

　　概括起來，前面講的剛柔相濟，是指力量的變化；這裡講的連綿不斷，是指勁力的完整。

㈢意念集中，以意導動

　　練太極拳自始至終要求思想集中。在技術熟練以後，注意力就應集中到勁力運用方面。例如，做捋的動作要有牽引或是捋住物體的意念；按的動作要有向前推按的想像，從這種有關的意念活動引導勁力的發揮和變化，做到「意動身隨」、「意到勁到」。意念活動能動地引導動作，不僅使勁力體現得更充分、動作更準確，而且對調節中樞神經，增強各部器官的機能，提高醫療效果，都有直接影響，所以有人形容太極拳是用意不用力的「意識體操」。關於太極拳意念引導動作，在理解和實踐中要特別注意以下幾點。

　　第一、意念集中不是情緒緊張呆板。意念活動要與勁力的剛柔、張弛相一致，形成有節奏有變化的運動。意念活動和勁力運用，是統一運動的兩個方面，都要體現「沈而不僵，輕而不浮」的特點。

　　第二、意念、勁力、動作三者是統一的，但它們的相互關係則有主有從。

　　意念引導勁力，勁力產生運動。太極拳要求「先在心，後在身」，勢換勁連，勁換意連。但對這種主從關係，不能有脫節、割裂的理解。意念的變化要表現在勁力和動作上。練太極拳不能片面追求「虛靜」，追求「有圈之意，無圈之形」，那樣就會把意念活動割裂架空，使人莫測高深，無所適從。

㈣呼吸自然，配合動作

　　太極拳呼吸深長細勻，通順自然。初學時只要求自然呼吸。動作熟練以後，可以根據個人鍛鍊的體會和需要，有意

識地引導呼吸，使其更好地適應勁力與動作的要求，這種呼吸叫「拳勢呼吸」。

比如太極拳動作接近定勢時，要求沈穩聚合、勁力充實，這時就應該有意識地配合呼氣，做到舒胸、束肋、實腹，以氣助力。太極拳動作變換複雜，一般說來，凡是由實轉虛，勁力含蓄輕靈，肩胛開展，胸腔擴張的時候，應該配合吸氣；相反，當動作由虛轉實，勁力沈實集中，肩胛內合，胸腔收縮的時候，應該配合呼氣。

這種結合與運動中的生理需要是一致的，也正是武術中「以意運氣、以氣運身」，「氣力合一」的體現。太極拳的「拳勢呼吸」就是使呼吸的自發配合變為自覺的引導。

「拳勢呼吸」的運用不是絕對的。因為太極拳的動作不是按呼吸節拍編排的。

不僅不同的拳套，練起來呼吸次數深度各不相同，就是同一套路，不同體質的人，呼吸也無法強求一律。

可以這樣說，練拳時只能要求在主要動作和胸肩開合較明顯的動作上，做到「拳勢呼吸」。在練一些過渡動作及個人感到呼吸難以結合的動作時，仍需要進行自然呼吸，或採用輔助呼吸（短暫呼吸）加以過渡調節。

所以，打太極拳時無論技術如何熟練，總要以「拳勢呼吸」和「自然呼吸」結合使用，才能保證呼吸與動作的結合自然妥善，符合太極拳「氣以直養而無害」的原則要求。不要簡單地開列「呼吸程序表」，使呼吸機械絕對，強求統一。尤其是病員或體質較弱的人，練太極拳更應因人制宜，保持呼吸的自然順遂，不能生硬勉強，以免有傷身體。

四、四十八式太極拳動作圖解

說　明

1.為了表述清楚，圖像和文字對動作做了分解說明，打拳時應力求連貫銜接。

2.在文字說明中，除特殊註明外，不論先寫或後寫身體的某一部分，各運動部位都要同時協調活動，不要先後割裂。

3.方向轉變以人體為準標明前、後、左、右。必要時也假設以面向南起勢，註明東、南、西、北。

4.圖上的線條是表明從這一動作到下一個動作經過的路線和部位。左手右腳為虛線（……→），右手左腳為實線（———→）。個別動作的線條受角度、方向等限制，可能不夠詳盡，應以文字說明為準。

5.某些背向、側向動作，增加了附圖，以便對照。圖號外帶有（　）的均為附圖。

動作名稱

第一段

一、白鶴亮翅

二、左摟膝拗步

三、左單鞭

四、左琵琶勢

五、捋擠勢(三)

六、左搬攔捶

七、左掤捋擠按

第二段

八、斜身靠

九、肘底捶

十、倒卷肱(四)

十一、轉身推掌(四)

十二、右琵琶勢

十三、摟膝栽捶

第三段

十四、白蛇吐信(二)

十五、拍腳伏虎(二)

十六、左撇身捶

十七、穿拳下勢

十八、獨立撐掌(二)

十九、右單鞭

第四段

二〇、右雲手(三)

二一、右左分鬃

二二、高探馬

二三、右蹬腳

二四、雙峰貫耳

二五、左蹬腳

二六、掩手撩拳

二七、海底針

二八、閃通背

第五段

二九、右左分腳

三〇、摟膝拗步(二)

三一、上步擒打

三二、如封似閉

三三、左雲手(三)

三四、右撇身捶

三五、左右穿梭

三六、退步穿掌

第六段

三七、虛步壓掌

三八、獨立托掌

三九、馬步靠

四〇、轉身大捋

四一、撩掌下勢

四二、上步七星

四三、獨立跨虎

四四、轉身擺蓮

四五、彎弓射虎

四六、右搬攔捶

四七、右掤捋擠按

四八、十字手

收　勢

起　勢

(1)、身體自然直立，兩腳併攏，頭頸正直，下頦內收，胸腹放鬆，肩臂鬆垂，兩手輕貼在大腿外側；精神集中，眼向前平視；呼吸保持自然。（圖１）

(2)、左腳向左輕輕分開半步，與肩同寬，腳尖向前。（圖２）

(3)、兩手慢慢向前平舉，手指微屈，手心向下，舉至與肩同高，兩臂距離約同肩寬，肘微下垂。（圖 3）

(4)、上體保持正直，兩腿緩慢屈膝半蹲；兩掌輕輕下按，落至腹前，掌心向下，掌膝相對。（圖 4、(4)）

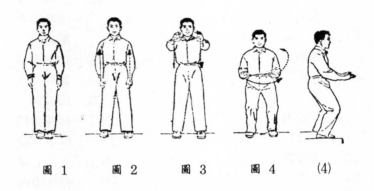

圖 1　　　　圖 2　　　　圖 3　　　　圖 4　　　　(4)

要點：屈膝高度要因人而異，一般說來，大腿與地面約成 45°～60° 斜角。整個拳套，除少數動作（如僕步、開立步、獨立步等）身體有明顯升降外，應保持高度大體一致，不要忽高忽低，起伏不定。

第一段

一、白鶴亮翅

(1)、上體微左轉，身體重心移至左腿；左掌微上提，左臂屈收在左胸前，右掌經腹前向左劃弧，兩掌左上右下，掌心相對，在左胸前成「抱球」狀；同時右腳提起並內收。眼看左掌前方。（圖 5）

(2)、右腳向右後方撤半步，重心後移；腰隨之右轉；右掌自左下方向右上方劃弧，左掌經右肩前向下劃弧。眼看右

掌。（圖6）

　　⑶、上體微左轉，面向前方；兩掌繼續向不同方向劃弧，左掌按於左胯旁，掌心向下，指尖向前，右掌提至額前右上方，掌心向內，兩臂皆保持弧形；同時左腳稍向內移，腳前掌著地，膝部微屈，成左虛步。眼向前平視。（圖7）

圖5　　　　　　　圖6　　　　　　　圖7

　　要點：虛步時，兩腳夾角大約 45° 左右。後腿膝部與腳尖、臀部與腳跟大體相對，上體保持端正，注意縮胯收臀，膝部不要過於裡扣或外敞。

　　二、左摟膝拗（ao音奧）步

　　⑴、上體微向左轉，右掌經體前劃弧下落，左掌經體側劃弧上舉。（圖8）

　　⑵、上體向右轉；右掌經下向右後上方劃弧至與耳同高，掌心斜向上，左掌同時經面前向右下劃弧至右胸前，掌心斜向下；左腳同時收至右腳內側。眼看右掌。（圖9）

　　⑶、上體微左轉，左腳向前（偏左）邁出一步（兩腳橫向距離約 30 公分左右），身體重心前移，左腿屈弓，右腿自然蹬直成左弓步；同時，右掌屈收經耳側向前推出，指尖

高與鼻平，左掌向左下經左膝前摟過，按於左胯旁，掌心向下，指尖向前；上體正直，鬆腰、鬆胯。眼看右掌。（圖 10）

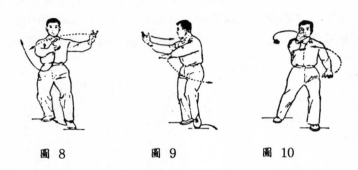

圖 8　　　　　圖 9　　　　　圖 10

要點：弓步時，兩腳夾角大約 45°—60°（必要時，後腳跟可以後展調整），左膝大體和左腳尖垂直。為了保持重心穩定，弓步的兩腳不要前後踩在一條線上，更不要左右交叉。應根據上體扭轉程度和勁力方向，兩腳保持 10—30公分的橫向距離。

三、左單鞭

(1)、上體後坐，重心移向右腿，左腳尖翹起，並稍內扣，上體隨之右轉；右臂隨轉體後帶，掌心向下，左掌自左下方經體側向體前劃弧，高與肩平，掌心斜向下；頭隨體轉，眼看前方。（圖 11）

(2)、左腳落實，身體重心移至左腿，右腳收至左腳內側；同時左前臂微回收，右臂外旋，右掌心朝上，從左肘下方向左前方穿出。（圖 12）

(3)、右腳向右前方（假設面向南起勢，此式應向西。下同。）邁出一步（兩腳橫向距離 10 公分左右），重心前移成右弓步；同時左掌附於右腕內側（掌心同側），兩掌同時

自左向前劃半個平圓，右掌心斜向內，左掌心斜向外；上體轉向正前方，鬆腰、鬆胯。眼看前掌。（圖 13）

圖 11　　　　　　圖 12　　　　　　圖 13

(4)、上式不停，上體後坐，右腳尖上翹；右掌自前向右向後屈肘再劃半個平圓，掌心向上，左掌仍附於右腕內側，隨右前臂劃平圓。眼看右掌。（圖 14）

(5)、右腳內扣落實，上體微左轉，重心移於右腿，左腳隨之收於右腳內側；同時右前臂在右肩前內旋後劃弧前伸，右掌隨之前按，至右前方時，右掌變勾手，左掌亦隨右掌一起翻轉（前臂外旋），收停在右肘內側，掌心向內。眼看右手。（圖 15）

(6)、上體微左轉，左腳向左前方（正東稍偏北）邁出一步，重心前移成左弓步；同時上體繼續左轉，左前臂內旋，左掌慢慢向前推出，掌心朝前，指尖高與鼻平，左手左腳上下相對。眼看左掌。（圖 16）

要點：兩臂劃平圓時，腰部隨之轉動，上體要保持正直，不可俯仰歪斜。推掌、按掌以後，手臂要稍屈，肘要鬆沈，不可僵直或聳肩揚肘。初學者在收腳上步時，前腳掌可在支撐腳內側輕輕點地，以利重心穩定。重心前移成弓步時，

圖 14　　　　　圖 15　　　　　圖 16

後腿自然蹬直，膝部不要僵挺，腳跟可以隨之後展調整（下同）。

四、左琵琶勢

(1)、腰部鬆縮，微向左轉，右腳提起跟進半步，腳前掌著地，落在左腳後面；同時左掌向內向下劃弧至左胯前，右勾手變掌隨腰的轉動向內向前平擺至體前，掌心斜向上。眼看前方。（圖 17）

(2)、重心後移，右腳落實，左腳稍向前上步，腳跟著地，膝微屈，成左虛步；同時右掌隨腰部微右轉，屈肘回帶，掌心轉向下，左掌向外向前上方劃弧挑舉，然後兩臂鬆沈合勁，左掌成側立掌停於面前，指尖與眉心相對，右掌也成側掌，屈臂合於胸前，掌心與左肘相對。眼看左掌。（圖 18）

要點：右腳落步時先以腳前掌著地，隨重心後移再慢慢全腳踏實。提步時，腳跟先離地，然後輕輕將全腳提起。提步落步要用力輕勻，不可突然蹬地砸地。

五、捋（lu 音呂）擠勢㈢

(1)、左腳稍向左外撇動，然後全腳落實，重心前移成左弓步，上體稍右轉；右掌自左前臂上穿出，由左向右前方劃

圖 17　　　　　　　　圖 18

弧平抹，掌心斜向下，左掌微外旋（掌心斜向上）並向後劃
弧，收至右肘內側下方。眼看右掌。（圖 19、20）

圖 19　　　　　　　　圖 20

　　(2)、兩掌自前向下将，左掌将至左胯外側，右掌将至腹
前；同時右腳收於左腳內側。眼看右前方。（圖 21）

　　(3)、右腳向右前方（東南）邁出一步，腳跟著地；同時
兩前臂旋轉（左臂內旋，右臂外旋），兩掌翻轉屈臂上舉，
掌心相對，收於胸前；頭隨身體自然轉動。（圖 22）

　　(4)、右腳落實，重心前移成右弓步；兩臂同時向前擠出
，兩臂撐圓，左掌指貼近右腕，左掌心向外，指尖斜向上，

右掌心向內，指尖向左，高與肩平。眼看右腕，成右捋擠式。（圖 23）

　(5)、重心後移，右腳尖翹起微內扣，再落地成右弓步；同時上體左轉，左掌自右前臂上方穿出，向左前方劃弧平抹，右掌微向後劃弧，收至左肘內側下方。眼看左掌。（圖 24、25）

圖 21　　　　　　圖 22　　　　　　圖 23

圖 24　　　　　　　　　　圖 25

　(6)、左捋擠式動作同前右捋擠式，唯左右相反，方向東北。（圖 26、27、28）

圖 26　　　　　圖 27　　　　　圖 28

圖 29　　　　　圖 30　　　　　圖 31

(7)、右捋擠式動作同前右捋擠式。（圖 29、30、31、32、33）

　　要點：由捋變擠時，兩掌在體前邊翻轉邊上提，兩手擺動不要超過身體。下捋與收腳、前擠與弓腿要做到協調一致。收腳時，如果初學者掌握不好重心，腳前掌可以在支撐腳內側點地停頓一下，然後再向前上步。類似動作皆同樣處理，不再註明。

　　六、左搬攔捶

　　(1)、重心後移，右腳尖外展，上體右轉；左掌向左前（

圖 32　　　　　　　圖 33

正東）伸展，掌心斜向下，右掌同時向下劃弧，掌心朝上。
（圖 34）

　　(2)、重心前移，左腳收於右腳內側；右掌經下向右後劃
弧，再向上卷收，停於體前，掌心向下，高與肩平，左掌變
拳向下，向右劃弧收於右胸前，拳心向下。眼向前平視。
（圖 35）

　　(3)、左腳向前墊步，腳跟著地，腳尖外撇；左拳隨之向
前（正東）搬出，拳心翻向上，高與胸平，右掌經左前臂外
側順勢按至右胯旁。眼看左拳。（圖 36）

圖 34　　　　　　圖 35　　　　　　圖 36

(4)、重心前移，左腳落實，右腳經左腳內側收提上步；腰向左轉；左拳向左劃弧收於左腰間，拳心向上，右掌經體右側劃弧向前攔出，高與胸齊，掌心向前下方。眼看右掌。（圖 37）

(5)、重心前移成右弓步；左拳由腰際向前打出，拳眼向上，高與胸齊，右掌同時收於左前臂內側。眼看左拳。（圖 38）

圖 37　　　　　　　圖 38

　要點：兩手劃弧相絞時前後上下要對稱，劃成兩個相交的立圓。左拳搬出後再回收時，左前臂先內旋，然後再外旋並卷收於腰間；右掌攔出時，右前臂先外旋，然後再內旋並攔於體前。

七、左掤（ pēng　音朋）捋擠按　　棚

(1)、上體後坐，右腳尖外展，腰向右轉；右前臂外旋，右掌向下劃弧，掌心向上，左拳變掌，前臂內旋並前伸，掌心轉向下。（圖 39）

(2)、右腳落實，重心前移，左腳收於右腳內側；同時左掌由前向下劃弧至腰前，右掌自下向後、向上劃弧收卷至胸前，兩掌成「抱球」狀。（圖 40）

(3)、上體微左轉，左腳向前邁出一步，重心前移，右腿後蹬，腳跟後展，成左弓步；同時左前臂向前掤出（即左臂呈弧形，用前臂外側向前上方架出），高與肩平，掌心向內；右掌向下按於右胯旁。眼看左前臂。（圖 41）

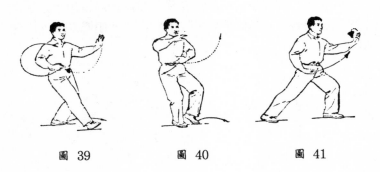

圖 39　　　　　圖 40　　　　　圖 41

(4)、腰微向左轉，左掌前伸並翻掌，掌心向下，右前臂外旋，掌心轉向上，經腹前向上、向前伸至左前臂下方。（圖 42）

(5)、上體右轉，兩掌下捋並經腹前向右後上方劃弧，右掌心斜向上，高與肩平，左掌心斜向後，左前臂平屈於胸前；同時上體後坐，右腿屈膝，重心偏於右腿。眼看右掌。（圖 43）

(6)、上體左轉，面向前方，重心前移成左弓步；右臂屈肘，右掌卷收，掌指向前搭近左腕，雙手同時慢慢向前擠出，高與肩平，左掌心向內，右掌心向前，兩臂保持半圓形。眼看左腕。（圖 44）

(7)、右掌經左腕上方伸出，兩掌左右分開，與肩同寬，掌心向下；隨即上體後坐，重心移至右腿，左腳尖翹起；兩臂屈肘，兩掌收至胸前，掌心向前下方。眼平看前方。（圖

圖 42　　　　　圖 43　　　　　圖 44

45）

(8)、左腿前弓成左弓步；兩掌落下經腹前向前、向上按出，腕高與肩平。鬆腰鬆胯，沈肩墜肘，塌腕舒掌。眼平視前方。（圖 46）

圖 45　　　　　　圖 46

要點：由捋變擠時，兩手向身後擺開。由擠變按時，注意縮胯、斂臀，上體正直，不可前俯後仰。

第二段

八、斜身靠

(1)、重心移向右腿，左腳尖內扣，身體右轉；右掌由左

向右劃弧至身體右側。左掌對稱地分舉在身體左側，兩肘微屈掌心向前。眼看右掌。（圖 47）

(2)、身體重心移於左腿，右腳收於左腳內側；同時右掌向下、向左劃弧收至體前，高與肩平，左掌同時收至體前，與右掌腕部交搭，抱成斜十字形（右掌在外），掌心都轉向內。眼看前方。（圖 48）

(3)、上體微右轉，右腳向右前方（正西偏北約 30°）邁出，腳跟著地；同時兩手握拳，前臂微內旋。眼看前方。（圖 49）

(4)、重心前移，左腿自然蹬直（腳跟隨之後展），成右弓步；同時兩拳分別向左下和右上撐開，右拳停於右額角前，拳心斜向外，左拳下撐於左胯旁，拳心斜向身後。上體斜向西南。眼看左前方。（圖 50）

圖 47　　　圖 48　　　圖 49　　　圖 50

要點：定勢時，弓步方向為西偏北，上體轉向西偏南。注意沈肩鬆胯，肩、臂微向外撐勁，上體不要側倒。

九、肘底捶

(1)、重心左移，右腳尖隨之翹起並內扣；上體左轉；右拳變掌，前臂外旋，掌心向上並向內掩裹劃弧，左拳同時變

掌，左掌向左向內劃弧。眼看右掌。（圖 51 ）

(2)、重心右移，左腳收至右腳內側；右掌翻轉並屈收在右胸前，掌心向下，左前臂外旋，左掌掌心翻轉向上，並經腹前向右劃弧，與右掌相對成「抱球」狀（右上左下）。眼看右掌。（圖 52 ）

(3)、上體左轉，左腳向左前方擺腳墊步，腳跟著地，腳尖外撇；左掌經右前臂下方向左上方劃弧，掌心向裡，高與鼻齊，右掌經左胸前劃弧下落至右胯旁。眼看左掌。（圖 53 ）

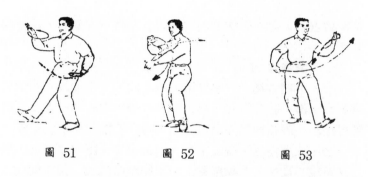

圖 51　　　　　圖 52　　　　　圖 53

(4)、上體繼續左轉，左腳落實，身體重心前移至左腿，右腳跟進半步，腳前掌著地落在左腳後面；左前臂內旋，左掌向左、向下劃弧至體側，掌心向下，右掌向右、向前劃弧至體前，掌心斜向上，高與鼻平。面向正東，眼看前方。（圖 54 ）

(5)、重心後移，右腳落實，左腳向前微移，腳跟著地成左虛步；左掌經腰際從右腕上向前穿出成側立掌，掌心向右，指尖與眉心相對。同時右掌變拳回收，置於左肘內側下方，拳眼向上。眼看左掌。（圖 55 ）

　　要點：整個動作要連貫一氣，以腰為軸帶動四肢。定勢

圖 54　　　　　　　　　圖 55

時鬆肩垂肘，微向下沈勁，右拳置於左肘下方偏右，保持胸部舒展。

十、倒卷肱 ㈣

(1)、上體右轉，右拳變掌，掌心向上，由前經右胯側向後劃弧平舉，肘部微屈，隨之左臂外旋，掌心翻向上；左腳輕輕提起。眼隨轉體先向右看，再轉向前看左掌。（圖 56）

(2)、左腳輕提，腳尖下垂，向後退步，腳前掌著地，隨之身體重心後移，左腳踏實，右腳腳跟微外展，腳尖朝前成右虛步；同時右臂屈肘，右掌卷收經耳側向前推出，掌心向前，高與肩平，左手向下撤至左胯前。眼看右掌。上體正直，鬆腰鬆胯。（圖 57）

(3)、上體左轉，左掌向下、向左後方劃弧平舉，掌心仍向上，同時右臂外旋，掌心轉向上；眼隨轉體先向左看，再轉看右掌。（圖 58）

(4)、右腳輕輕提起向後退步，前腳掌先落地，隨之全腳踏實，重心移至右腿，左腳腳跟微外展，左膝微屈成左虛步；左掌屈肘卷收經耳側向前推出，掌心向前，高與肩平，右掌向下、向後撤至右胯前。眼看左掌。（圖 59）

圖 56　　　　　圖 57　　　　　圖 58

　⑸、倒卷肱左右各重複一次，動作同前。（圖 60、61
、62、63）

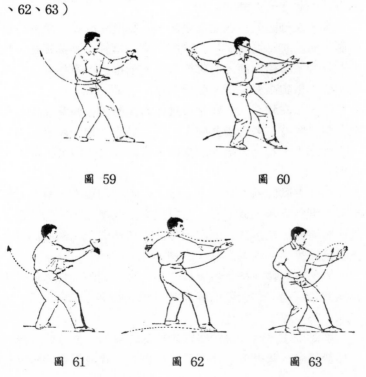

圖 59　　　　　　　　圖 60

圖 61　　　　　圖 62　　　　　圖 63

要點：退步時，腳前掌先落地，然後全腳踏實，重心後移，做到虛實轉換淸楚。同時兩腳要保持約 10 公分的橫向距離，不要兩腿交叉狀退步，以免重心不穩。

十一、轉身推掌 (四)

(1)、左腳撤至右腳後，腳前掌著地；左掌外旋先向上舉，再收至右胸前，掌心向下，右掌由下向右上方劃弧，掌心向上，高與頭平。眼看右掌。（圖 64）

(2)、以左腳掌、右腳跟為軸向左後方轉體，轉身後重心仍在右腿；在轉動中右掌屈肘回收，左手略向下按。眼看左前方（西北）。（圖 65）

(3)、左腳向前（西北）邁步，右腳隨即跟進，落於左腳後側，腳前掌點地成丁步；同時左掌下落經左膝前摟過，按於左胯旁，掌指向前，右掌經耳側向前推出，掌指向上，掌心向前，指尖高與鼻平。眼看右掌。（圖 66）

(4)、以左腳跟、右腳掌為軸向右後轉體，轉身後重心仍在左腿；同時左臂外旋並向左、向上劃弧上舉，左掌心向上，高與頭平，右掌下落至左胸前，掌心向下。眼看右前方。（圖 67）

(5)、右腳向前（東南）上步，左腳隨即跟進，落在右腳後面，腳前掌著地成丁步；右掌經右膝前摟過，掌指向前，按於右胯旁，左掌經耳側向前推出，掌指向上，掌心向前，指尖高與鼻平。眼看左掌。（圖 68）

(6)、左右轉身推掌各重複一次。動作同前，唯方向分別為東北和西南，與前面的轉身推掌恰成四角方向。（圖 69、70、71、72）

要點：丁步時，兩腳橫豎均要保持約 10 公分的距離，以便於轉動。轉動時，體重置於兩腳間，轉身後重心移向後

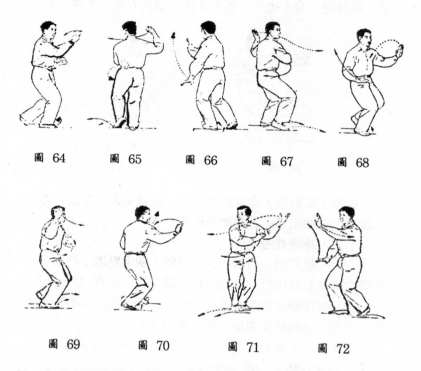

圖 64　　　圖 65　　　圖 66　　　圖 67　　　圖 68

圖 69　　　　圖 70　　　　圖 71　　　　圖 72

腿，保證轉動靈活。整個動作要做得既輕靈又沈穩。

十二、右琵琶勢

(1)、左腳向後（偏左）撤半步，身體重心移於左腿，上體左轉；左臂屈收，左掌帶至左胸前，掌心斜向下，右掌隨之向前、向上劃弧至體前，掌心斜向左。頭隨體轉，眼平視。（圖 73）

(2)、上體微右轉，右掌微向下沈，前臂微外旋，掌心向左成側立掌，指尖與眉心相對，左掌自左胸前向前合於右臂內側，掌心向右，與右肘相對；同時右腳提起微移，腳跟著

地，膝微屈，成右虛步。面向正西，眼看右掌。（圖 74）

圖 73　　　　　　　　　圖 74

　　要點：定勢時，兩臂輕輕沈合，注意正頭、豎頸、鬆腰、沈肩，上體正直，方向轉為正西。

　　十三、摟膝栽捶

　　(1)、上體左轉，右腳收於左腳前，腳尖點地；兩掌下捋至腹前，掌心斜向對。頭隨體轉，眼平視。（圖 75）

　　(2)、右腳前進半步，重心前移至右腿，隨之左腳跟進落於右腳後面，腳前掌著地；兩掌翻轉提到胸前，同時向左、向前劃平弧，右掌心向上；高與肩平，左掌心向下附於右腕內側。眼看右掌。（圖 76、77）

圖 75　　　　　　圖 76　　　　　　圖 77

(3)、重心移向左腿，上體左轉，左前臂外旋，左掌向下，向後劃弧上舉，手心斜向上，高與頭平，右掌經面前向左劃弧，按於左胸前，掌心向下。眼看左掌。（圖 78）

(4)、上體右轉，右腳向前邁出，左腿蹬直成右弓步；右掌向下經右膝前摟過，按於右胯旁，掌指向前，左掌變拳經耳側向前下方打出，拳眼向右，拳面斜向前下，高與腹平。眼看前下方。（圖 79）

圖 78　　　　　　　　圖 79

要點：兩臂沿平圓和立圓交替劃弧，銜接力求圓活，要以腰帶動。定勢時，上體不可過於前傾，步型為拗弓步。凡拗弓步步型（摟膝拗步、左右穿梭……等）要注意保持兩腳較大跨度，做到重心穩定，上體自然。

第三段

十四、白蛇吐信 (二)

(1)、重心後移，右腳尖翹起；左拳上提，右掌上托。眼看右拳。（圖 80）

(2)、右腳內扣，向左後轉身，重心右移，左腳提起原地向外搬轉，右腳跟隨轉體離地扭轉，兩腿交叉相疊，右膝接

近左腿膝窩成歇步；左拳變掌經體前下落，收至腰間，掌心向上，右掌經耳側向前推出，高與胸平，掌心向前。眼看右掌。（圖 81）

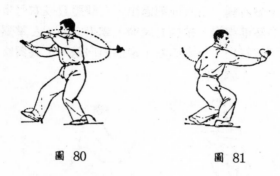

圖 80　　　　　　　　圖 81

(3)、重心前移，右腳提起向前上一步。腳尖外撇，上體右轉，左腳跟隨轉體離地扭轉，兩腿交叉相疊成歇步；左掌向後、向上卷收並經耳側向前推出，掌心向前，高與胸平，右掌翻轉，向下、向後收在腰間，掌心向上。眼看左掌。（圖 82、83）

圖 82　　　　　　　　圖 83

要點：左腳向外搬轉時，應原地提起，然後橫落體前。

轉身和上步要保持上體正直，不要歪扭。歇步時，兩腿半蹲，後膝接近前膝窩處，重心略偏於前腿。

十五、拍腳伏虎 (二)

(1)、重心前移，左腳向前墊步；左掌向左下方劃弧，右掌向後、向上劃弧，停於頭右側，準備拍腳。眼向前平視。（圖 84）

(2)、左腳落實，左腿支撐，右腳向前、向上踢出，腳面自然伸平；右掌向前擊拍右腳面，左掌向後、向上劃弧平舉於身體左後方，掌心向外，高與肩平。眼看前掌。（圖 85）

(3)、右腳向左前方蓋步落下，左腳在右腳落地之際隨即提起；同時兩掌一齊向右平擺，掌心均向下。眼看右掌。（圖 86）

(4)、左腳向左側（正北）落步，右腿蹬直成左弓步（向北）；兩掌隨左轉體經腹前向下、向左劃弧，邊劃弧邊握拳。眼看左拳。（圖 87）

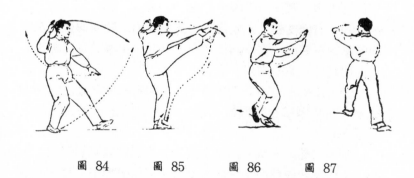

圖 84　　　　圖 85　　　　圖 86　　　　圖 87

(5)、上式不停，左拳向右屈肘平貫，停於左額前，拳心斜向外；右拳向左平貫，停於左肋前，拳心斜向下。鬆腰、

鬆胯。眼轉看右前方（正東）。（圖 88）

(6)、重心後移，左腳尖內扣，上體右轉；同時兩拳變掌，左掌收於胸前，掌心斜向上，右掌掌心斜向下，從左前臂上方穿出；眼平看前方。（圖 89）

圖 88　　　　　　　　圖 89

(7)、左腳落實，重心移於左腿，右腳提起經左腳內側向前（正東）墊步；左掌向下、向後、向上劃半個立圓，至頭左側，掌心向前，準備拍腳；右掌向前、向下劃半個立圓，停於右胯旁。眼向前平視。（圖 90、91）

(8)、右腿支撐，左腿向前、向上踢出，腳面伸平；左掌向前擊拍左腳面，右掌向後、向上劃弧，平舉於身體右後方，高與肩平，掌心向外。眼看左掌。（圖 92）

(9)、左腳向右前方蓋步落下，右腳在左腳落地之際隨即提起；同時兩掌一齊向左平擺，兩掌心向下。眼看左掌。（圖 93）

(10)、右腳向右側（正南）落步，右腿屈膝成右弓步（向南）；兩掌經腹前向下、向右劃弧，逐漸變握拳。眼看右拳。（圖 94）

(11)、上式不停，右拳向左屈肘平貫，停於右額前，拳心

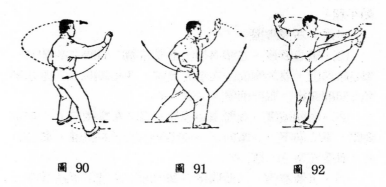

圖 90　　　　　圖 91　　　　　圖 92

斜向外，左拳向右平貫，停於右肋前，掌心斜向下。鬆腰、
鬆胯，眼轉看左前方（正東）。（圖 95）

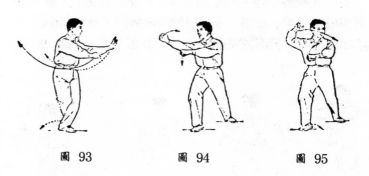

圖 93　　　　　圖 94　　　　　圖 95

　　要點：拍腳前，兩臂動作要與上步協調配合，不可上下
脫節，也不要挺胸直臂。拍腳時，支撐腿微屈站穩，拍腳高
度因人而異，不可彎腰憋氣強求高度。拍腳後，先折收小腿
再蓋步落地。落地要輕緩，不要故意騰空縱跳，落點不要太
遠，應偏於側前方。拍腳後，也可向身後插步落地，隨之向

體側撤步轉體，接做伏虎勢。插步練法也要求落腳輕緩，移動平穩。

十六、左撇身捶

(1)、重心後移，右腳內扣，上體左轉；同時右拳變掌，掌心斜向上，收於胸前，左拳亦變掌，掌心斜向下，從右前臂上向前穿出。眼向前看。（圖 96）

(2)、右腳踏實，身體重心移於右腿；左掌微向上、向前劃弧，掌心向下，右掌向下、向後劃弧收至右胯前，掌心向上。眼看左掌。（圖 97）

(3)、上體右轉，左腳收至右腳內側；左掌下落握拳收至小腹前，拳心斜向內，拳眼向右、右掌向後、向上再向體前劃弧，翻拳向下附於左前臂內側（掌心同側）。眼看左前方。（圖 98）

(4)、上體微左轉，左腳向左前方（東北）邁出一步，重心前移成左弓步；左拳上提經面前向前撇打，拳心斜向上，高與頭平，右掌仍附於左前臂內側。眼看左拳。（圖 99）

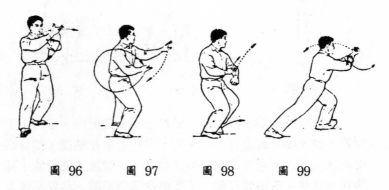

圖 96　　　圖 97　　　圖 98　　　圖 99

要點：撇拳前，右腳內扣不要過大，左掌應向正東方向

穿出。回收時，兩手交叉劃圓，左掌邊收邊握拳，不要做成捋的動作。整個動作要注意腰的轉動，做到周身協調完整。

十七、穿拳下勢

(1)、重心後移，左腳尖翹起微外展，上體稍左轉；左拳變掌向上、向左劃弧，右掌向下、向右劃弧，兩掌心皆向下。眼看左掌。（圖 100）

(2)、上式不停，左腳落實，重心前移，右腳收於左腳內側；兩掌繼續劃立圓，同時逐漸握拳，左拳拳心向內收於腹前，右拳拳心向內合於面前。眼向前看。（圖 101）

(3)、右臂掩肘下落，左拳從右前臂外側上穿；同時左腿屈蹲，右腳向右側（正東偏南約 30°）伸出成右僕步。眼看右前方。（圖 102）

(4)、上體右轉，右拳經腹前沿右腿內側向右前方穿出，左拳向左後上方伸展，兩拳拳眼均轉向上。眼看右拳。（圖 103）

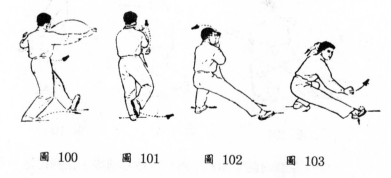

圖 100　　　圖 101　　　圖 102　　　圖 103

要點：左腳尖外展不要過大。右腳提收後可稍點地停頓。僕步方向應為正東偏南。僕步時，要先屈蹲左腿，隨之右腿向右側僕出（不要用右腳跟擦地滑出），然後轉體穿拳。

兩腳要全腳踏實，腳跟不可掀起。老年人可以放高姿勢，左腿半蹲做成半僕步。

十八、獨立撑掌 (二)

(1)、重心前移，右腳尖外展，左腳尖內扣，左腿微伸直；同時右拳略向上挑，左拳稍向下落，兩拳拳眼仍向上。眼向前看。（圖 104）

(2)、右腳蹬地，左腳提起；右拳變掌微內旋，左拳變掌下落經腰側向前、向上方穿出，掌心向內。眼向前看。（圖 105）

(3)、身體起立，右腿微屈站穩，左腿屈膝提至體前，腳面展平，成右獨立步；同時右掌按於右胯前，指尖向左，左掌從右前臂內側上穿並翻掌撐於頭前上方，指尖向右，掌心斜向上。眼向前看。（圖 106）

圖 104　　　圖 105　　　圖 106

(4)、左腳向前（偏左）落步，重心前移，左腳蹬地，右腿提至體前，腳面展平，成左獨立步；右前臂外旋，使掌心向內經體前從左前臂內側上穿，翻掌撐於頭上（指尖向左，掌心斜向上），左掌下落按於左胯前（指尖向右）。眼向前

看。（圖 107、108、109）

|圖 107|圖 108|圖 109|

要點：獨立步時，支撐腿微屈，膝部不要僵挺。向上穿掌時，要配合腰部的輕輕旋轉。撐掌時，上體保持正直，頭向上頂，全身要鬆沈。

十九、右單鞭

(1)、右腳後撤一步，左腿屈蹲成左弓步；同時右掌向前、向下落，掌心轉向上，左掌自右前臂上方向上、向前伸，掌心向下。眼看左掌。（圖 110）

(2)、重心後移，兩掌自體前向下、向後一齊捋回，收至腹前。頭隨體轉。（圖 111）

(3)、左掌經腹前翻轉上舉，高與胸平，掌心向內，右掌同時翻轉上舉，掌心向前，掌指附於左腕內側。（圖 112）

(4)、重心前移，左腿屈膝前弓，上體左轉；左掌自右向前劃平圓，高與肩平，掌心斜向內，右掌掌指附於左腕內側隨之劃圓。眼隨左掌。（圖 113）

(5)、重心後移，左腳尖上翹；左掌繼續屈肘向左、向後劃平圓，掌心轉向上，右掌隨之轉動。眼看左掌。（圖 114）

圖 110　　　　　圖 111　　　　　圖 112

圖 113　　　　　　　圖 114

(6)、左腳尖內扣落實，重心移至左腿；左掌隨左前臂內旋向左前方按出，隨之變成勾手，右前臂微外旋，右掌掌心轉向內，收於左肘彎處；同時右腳回收於左腳內側。眼看左勾手。（圖 115）

(7)、上體稍右轉，右腳向右前方（正西稍偏北）邁出，重心前移成右弓步；右掌隨轉體慢慢翻掌並向前推出，掌指向上，掌心向前，指高與鼻平，右肘右膝上下相對。眼看右掌。（圖 116）

　　要點：弓步方向應略偏向西北。胸部舒展內含，肘、肩

圖 115 圖 116

都要鬆沈，手臂不要僵直，兩臂不要伸成一條直線。推掌要走弧形，邊翻邊推，並與轉腰相配合，到終點時鬆肩塌腕，向下沈勁。

第四段

二〇、右雲手㈢

⑴、上體左轉，重心移向左腿，右腳尖內扣；右掌向下、向左劃立圓至左肩前，掌心向內。眼看左勾手。（圖117）

⑵、右掌經面前向右繼續劃立圓，掌心向內，左勾手變掌，向下經腹前劃立圓，同時左前臂外旋，掌心由外逐漸轉內；身體重心漸漸移向右腿。上體和視線均隨右掌轉動。（圖118、119）

⑶、上體繼續右轉；右掌划到身體右側，前臂內旋，掌心轉向外，左掌向上劃弧至右肩前，掌心向內；同時左腳向右腳收攏成小開立步、兩腳相距 10—20 公分，腳尖向前。眼看右掌。（圖120）

⑷、上體左轉，重心移向左腿；左掌經面前向左，右掌經腹前向左，同時劃立圓。上體和視線均隨左手移動。（圖

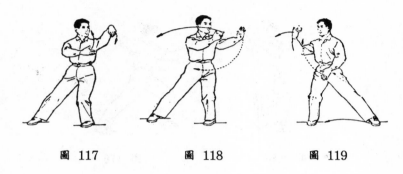

圖　117　　　　　　圖　118　　　　　　圖　119

121）

（5）、上體繼續左轉，右腳側跨一步，腳尖仍向前；兩掌雲至身體左側時逐漸翻轉，左掌心翻轉向外，右掌心翻轉向內。眼看左掌。（圖　122）

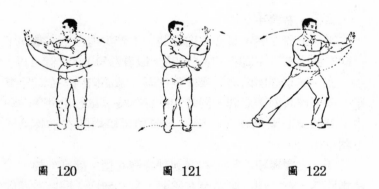

圖　120　　　　　　圖　121　　　　　　圖　122

（6）、上體右轉，重心移至右腿，左腳收併，兩腳相距10—20 公分。右掌經面前向右，左掌經腹前向右，同時作立圓雲轉。雲至身體右側時，兩掌逐漸翻轉。上體和視線隨右手轉動。（圖　123、124）

(7)、右雲手再重複一次，動作同前。（圖 125、126、127、128 ）

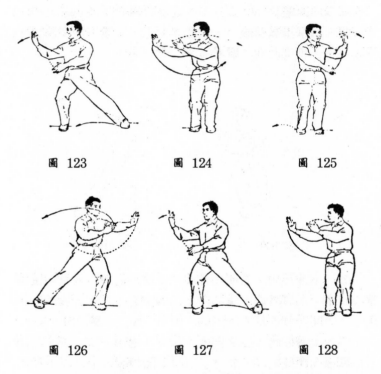

圖 123　　　　　圖 124　　　　　圖 125

圖 126　　　　　圖 127　　　　　圖 128

　　要點：兩腳要平行向右移動。開步和併步要輕提輕落，腳前掌內側先著地。整個動作要均勻、平穩、連貫，以腰為軸，上體要保持正直。兩掌雲轉時，上掌指高不過眉，下掌指低不過襠，翻掌不可突然。

　　二一、右左分鬃

　　(1)、重心移至左腿，上體左轉；兩掌繼續向左雲轉，至

體前時，兩掌翻轉相對成「抱球」狀；同時右腳輕輕提起。腿看左掌。（圖 129）

　　(2)、上體微右轉，右腳向前（偏右）邁出一步成右弓步（兩腳橫向距離約 30 公分）；兩掌隨轉體分別向右上和左下分開，右掌指高與眼平，掌心斜向上，左掌按於左胯旁，掌心向下，指尖向前。眼看右掌（圖 130）

圖 129　　　　　　　圖 130

　　(3)、上體後坐，右腳尖外展，上體微右轉；右臂內旋使掌心向下，左臂外旋，掌心向上，兩掌右上左下在胸前「抱球」；同時左腳收於右腳內側。眼看右掌。（圖 131、132）

　　(4)、上體左轉，左腳向前（偏左）邁出一步，成左弓步（兩腳橫向距離約 30 公分）；兩掌隨轉體分別向左上和右下分開，左掌指高與眼平，掌心斜向上，右掌按於右胯旁，指尖向前。眼看左掌。（圖 133）

　　要點：右左分鬃較前掤動作更開展一些，前臂稍向外斜，腰扭轉幅度也較大，所以兩腳跨度應加大一些。弓步時，分掌和弓腿要協調一致，後腿邊蹬直，腳跟邊外展，兩腳夾角在 45°─60° 之間。類似動作皆應如此處理。

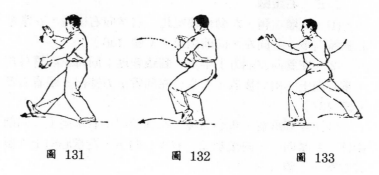

圖 131　　　　　圖 132　　　　　圖 133

二二、高探馬

(1)、右腳跟進半步，腳前掌落地；左掌微外展，右掌自下向後平舉，高與肩平，掌心轉向上。眼向前平視。（圖 134）

(2)、重心後移，踏實右腳，上體微向右再向左轉，左腳稍向前墊步，腳前掌著地，成左虛步；左掌下落收至腰前，掌指向前，掌心向上；右掌卷收經耳旁向前推出，掌心斜向前，掌指高與眼平。眼看右掌。（圖 135）

圖 134　　　　　圖 135

要點： 跟步、坐腿和墊步時，腰部都要自然地微微左右轉動，防止俯身、撅臀和高低起伏。

二三、右蹬腳

(1)、上體右轉，左腳輕輕提起；右掌向右後帶，左掌掌心翻轉向下，並向左、向前劃弧。（圖 136）

(2)、左腳向左前方上半步，腳跟著地；同時左前臂外旋，掌心向上，稍向後收，右掌自左前臂上方穿出。眼看右掌（圖 137）

(3)、左腳落實，重心前移，左腿前弓；右掌向上、向前劃圓，左掌向下、向後劃圓，右掌心向下，左掌心向上。眼看右掌。（圖 138）

圖 136　　　　　　圖 137　　　　　　圖 138

(4)、右腳收於左腳內側，腳尖點地（也可不點地），腰部微向左再向右旋轉；右掌向下，左掌向上同時繼續劃圓，至胸前時兩腕相交，兩掌合抱成斜十字，舉於胸前（右掌在外），掌心均向內。眼看右前方。（圖 139）

(5)、左腿微屈站穩，右膝提起，右腳向右前方（西偏北約 30°）慢慢蹬出，腳尖回勾，力在腳跟；兩掌分別向右前和左後方劃弧撐開，肘部微屈，腕與肩平，掌心向外，右臂、右腿上下相對。眼看右掌。（圖 140）

要點：蹬腳前，兩掌的轉換要與腰部旋轉相配合，掌運

圖 139　　　　　　　　圖 140

轉路線（平圓、立圓）要銜接，動作要圓活。兩掌與蹬腳同時向斜前、斜後弧形撐開，不可直推猛撐。蹬腳時，要勻要穩，上體保持自然正直，不要彎腰低頭，憋氣勉強。

二四、雙峰貫耳

(1)、右小腿收回，右膝平屈，腳尖自然下垂；左前臂外旋，左掌由後向上，向前劃弧下落，右掌掌心翻轉向上與左掌同時平行落於右膝上方。眼向前平視。（圖 141）

(2)、右腳向前方（西偏北約 30°）落下，腳跟著地；兩掌下落，經兩胯旁慢慢握拳。眼看前方。（圖 142）

(3)、右腳落實，重心前移成右弓步；兩拳分別從兩側向上、向前貫出，高與耳齊，兩拳眼斜向下，相距約一頭寬，兩臂成鉗形。眼看前方。（圖 143）

要點：不可低頭弓腰，聳耳揚肘。方向與右蹬腳一致，皆為西偏北。

二五、左蹬腳

(1)、重心後移，右腳尖翹起微外展；兩拳變掌向左右同時分開，掌心皆向外。眼看左掌。（圖 144）

圖 141　　　　　圖 142　　　　　圖 143

　　(2)、重心前移，左腳收於右腳內側，腳尖點地（也可不點地），腰微向右再向左旋轉；同時兩掌分別從左、右側向下、向內劃弧，在胸前交叉抱成斜十字形（左掌在外），掌心均向內。眼看左前方。（圖 145）

　　(3)、右腿微屈站穩，左膝提起，左腳向左前方（西偏南約 30°）慢慢蹬出，腳尖回勾，力在腳跟；兩掌向左前和右後方同時劃弧撐開，肘部微屈，腕與肩平，左臂、左腿上下相對。眼看左掌。（圖 146）

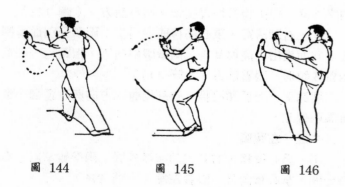

圖 144　　　　　圖 145　　　　　圖 146

要點：同右蹬腳。唯左右相反（方向為西偏南）。

二六、掩手撩拳

(1)、左腳收回落於右腳內側，腳尖點地，上體微向右轉；兩掌自兩側向上、向內劃弧，舉於頭前；同時右掌變拳，兩手心均向內。眼看前方。（圖 147）

(2)、左腳向左前方（西南）邁出一步，腳跟著地，上體向右擰轉，兩臂外旋，同時向懷中掩裹下落至右腰間，右拳落於左掌心中，手心均向上。眼看右前下方。（圖 148）

(3)、上體左轉，重心左移，左腿前弓，右腿蹬展，成左弓步；左掌隨左轉腰握拳收至左腰間，拳心向上；右拳隨上體左轉，向前（正面）直臂撩出（也可快速發力撩彈），拳高與腹平，拳眼向左，拳面斜向前下。眼看右拳。（圖 149）

圖 147　　　　圖 148　　　　圖 149

要點：步型為左弓步（方向西偏南），撩拳方向為正西，撩拳後要鬆肩、垂肘、順肩。如果採取快速發力練法，要注意周身完整，腰腿發力，弓步斜向和順肩程度較前稍大。前臂彈抖要快速鬆展，拳高不過肩，前後銜接，圓活自然，氣勢貫穿。

二七、海底針

⑴、右腳跟進半步在左腳側後方落下，腳前掌先著地，然後全腳踏實。上體右轉，身體重心後移至右腿，左腳輕輕提起；左拳變俯掌向左、向前劃平弧；右拳變側掌下落，經體右側向上抽提至右耳旁。眼看前方。（圖 150、151）

⑵、上體左轉；右手從耳側向前下方插掌，指尖斜向前下，掌心向左；左手向左劃弧按於左胯旁，掌指向前；左腳向前移半步，腳前掌著地成左虛步。塌腰、沈肩。眼看前下方。（圖 152）

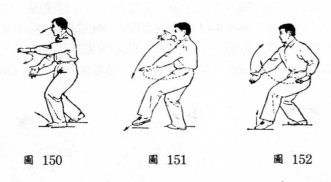

圖 150　　　　　圖 151　　　　　圖 152

要點：跟步和坐腿時，要配合腰部自然旋轉。定式時，右肩前順，上體可稍向前傾。

二八、閃通背

⑴、上體微右轉，左腿提起；兩掌上提，左掌指靠近右腕內側。眼看前方。（圖 153）

⑵、左腳前落，重心前移成左弓步；右掌經面前翻掌上撐停於右額旁，掌心斜向上，指尖向左；左掌經胸前向前推出。掌心向前，高與鼻平。眼看左掌。（圖 154）

要點：提手時，不要聳肩吊肘。定式時，要向前、向下鬆腰。右胯不要外敞。

圖 153　　　　　　圖 154

第五段

二九、右左分腳

(1)、重心後移，左腳尖充分內扣，上體右後轉；兩掌向兩側劃弧，掌心向外；眼看右前方。（圖 155）

(2)、重心左移，收回右腳，腳尖點地（也可不點地）；兩手向下再向體前劃弧，在腹前交叉後再抱於胸前成斜十字形（右掌在外），掌心均向內。眼看右前方（正東偏南）。（圖 156、（156））

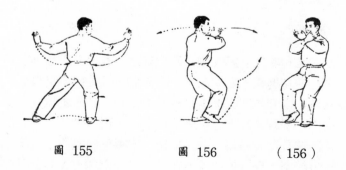

圖 155　　　　　圖 156　　　　（156）

(3)、左腿微屈站穩，右膝提起，右腳向右前方（正東偏南）慢慢踢出，腳面展平；兩掌同時向右前方和左後方劃弧撐開，掌心皆向外，腕高與肩平，肘部微屈，右臂右腿上下相對。眼看右掌。（圖 157）

(4)、右小腿屈收，右腳向右前方（東南）落下，腳跟著地；右前臂外旋，右掌心轉向上並稍向內收；左掌下落經左腰側向前、向上劃弧並從右前臂上穿出，掌心向前。眼看左掌。（圖 158）

(5)、右腳落實，重心前移，左腿蹬直；左掌向上、向前劃弧，掌心向下；右掌向下，向後劃弧，掌心向上。眼看左掌。（圖 159）

圖 157　　　　　圖 158　　　　　圖 159

(6)、左腳收至右腳內側，腳尖點地（也可不點地），腰微向右再向左旋轉。左掌向下、右掌向上同時繼續劃圓弧；至胸前時，兩掌腕部交叉合抱成斜十字形（左外右內），掌心皆向內。眼看右前方（正東偏北）。（圖 160）

(7)、右腿微屈站穩，左膝提起，左腳向左前方（正東偏北）慢慢踢出，腳面展平；兩掌同時向左前和右後方劃弧撐

開，掌心皆向外，腕高與肩平，肘部微屈，左臂左腿上下相
對。眼看左掌。（圖 161）

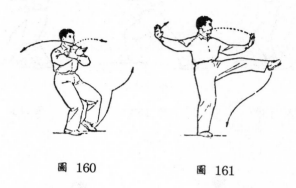

圖 160   圖 161

要點：參看右蹬腳。

三〇、摟膝拗步 (二)

(1)、左小腿屈收，左腳落於右腳內側，上體右轉；右掌
翻轉上舉，高與頭平，左掌隨轉體向上、向右劃弧落於右肩
前，掌心朝下。眼看右掌。（圖 162）

(2)、上體左轉，左腳向前（偏左）邁出一步，重心前移
成左弓步（兩腳跨度約 30 公分）；左掌下落經左膝前摟過
，按於左胯旁，掌指向前；右掌屈收經耳側向前推出，掌心
向前，高與鼻平。眼看右掌指。（圖 163）

(3)、重心後移，左腳尖翹起外展，上體左轉；兩前臂外
旋，右掌心轉向左，左掌心轉向上。（圖 164）

(4)、右腳提起向前（偏右）上步，接做右摟膝拗步。動
作同左式，唯左右相反。（圖 165、166）

要點：推掌時，肩略向前順，鬆腰、沈肩，上體正直。

三一、上步擒打

圖 162　　　　　圖 163　　　　　圖 164

圖 165　　　　　圖 166

　　(1)、重心後移，右腳尖翹起並外展；左掌翻向上並微向後收，右掌屈肘從左前臂上向前穿出，掌心斜向外。眼看前方。（圖 167）

　　(2)、右腳落實，重心前移，身體右轉；右掌自左向前、向右抹掌劃弧，左掌向右、向後劃弧，收於腹前。眼看右掌。（圖 168）

　　(3)、左腳提起向前上一步；右掌向外劃弧，再握拳收於右腰間，拳心向上；左掌向左再向前劃弧，扣腕握拳停於體

前，拳心向下，拳眼斜向內，高與肩平。眼看左拳。（圖169）

　(4)、左腳落實，重心前移成左弓步；右拳自腰間向前打出，拳眼向上，高與肩平；左拳微向後收於右腕下方，拳心向下。眼看右拳。（圖 170）

圖 167　　　　圖 168　　　　圖 169　　　　圖 170

　要點：穿掌外抹接兩掌劃弧要連貫圓活。腰部先向右轉再向左轉將右拳打出。

　三二、如封似閉

　(1)、右腳跟進半步，腳前掌著地；同時兩拳變掌，掌心斜向上。眼向前平視。（圖 171）

　(2)、重心後移，右腳落實，左腳提起前上半步，左腿屈膝成左弓步；兩掌慢慢分開收至胸前（與兩肩同寬），同時兩前臂邊收邊內旋，手心翻轉，兩掌下落經腹前再向前按出，掌心向前，腕高與肩平。眼向前看。（圖 172、173、174）

　要點：兩掌後收時，要邊收邊分邊翻轉，並以兩肘牽引，不要肘部不動，前臂揚起向後卷收。重心移動要虛實清楚，按掌和弓腿要協調一致，同時到達終點。

　三三、左雲手 (三)

　(1)、重心後移，左腳尖內扣，上體右轉；右掌自左向右

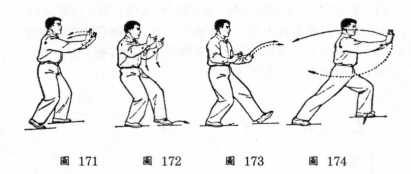

圖 171　　　　圖 172　　　　圖 173　　　　圖 174

經面前劃立圓，掌心向外；左掌自左經腹前向右劃立圓，掌心由外轉向內。上體及視線隨右掌轉動。（圖 175）

　（2）、上體左轉，重心移至左腿，右腳收於左腳內側落地，兩腳相距 10—20 公分，腳尖皆向前；同時左掌掌心向內，自右經面前向左立圓雲轉，至身體左側時翻掌向外；右掌自右經腹前向左立圓雲轉，掌心由外轉向內。上體及視線均隨左掌轉動。（圖 176、177）

圖 175　　　　　　圖 176　　　　　　圖 177

　（3）、上體右轉，重心移向右腿，左腳向左側跨出一步，腳尖仍向前；右掌經面前向右立圓雲轉，左掌經腹前向右立

圓雲轉。雲至身體右側時，兩掌逐漸翻轉。上體及視線隨右掌轉動。（圖 178、179）

圖 178　　　　　圖 179

(4)、上體左轉，重心移至左腿，右腳收於左腳內側（兩腳相距 10—20 公分 ），腳尖皆向前；同時左掌經面前向左立圓雲轉；右掌經腹前向左立圓雲轉。雲至身體左側時，左掌心轉向外，右掌心轉向內。上體及視線均隨左掌轉動。（圖 180、181）

圖 180　　　　　圖 181

(5)、上述動作再重複一次，唯最後收併右腿時，右腳內扣約 45°。（圖 182、183、184、185 ）

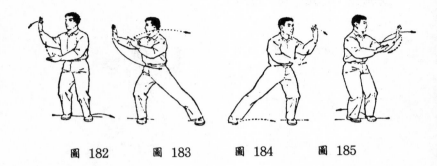

圖　182　　　　圖　183　　　　圖　184　　　　圖　185

要點：同右雲手，唯行進方向向左。第三次收右步時，注意內扣右腳，以便於轉接下個動作。

三四、右撇身捶

(1)、重心右移，左腳向身後（西北）撇一步，右腿弓屈成右弓步；左掌翻轉，掌心朝上，向體前劃弧回收於腹前；右掌掌心翻轉朝前下，經左前臂上方向前伸探，停於體前，高與肩平。眼看右掌。（圖 186）

(2)、重心後移於左腿，右腳收至左腳內側，腳尖點地，上體左轉；右掌下落變拳收到小腹前，拳心向內，拳眼向左；左掌向左、向上再向體前劃弧，翻掌向下附在右前臂內側。頭隨身轉，目視前方。（圖 187）

(3)、身體微右轉，右腳仍向原地（東南）邁出，重心前移，右腿屈膝，左腿伸直，成右弓步；右拳上提經左胸前向前向上撇出，拳心斜向上，高與頭平；左掌附於右前臂內側一齊向前撇出。眼看右拳。（圖188）

要點：方向為東南。步型成右弓步，兩腿不要歪撐、交錯。其他參考左撇身捶。

圖 186　　　　　圖 187　　　　　圖 188

三五、左右穿梭

(1)、重心後移，右腳尖翹起內扣，上體稍左轉；左掌自右前臂上穿出，掌心斜向下；右拳同時變掌，微向後收，掌心斜向上。（圖 189）

(2)、上體再稍左轉，右腳落實，重心移於右腿；左掌向左前方抹掌，右掌收於左肘內側下方，兩掌心斜相對。眼看左掌。（圖 190）

(3)、上體右轉；兩掌自前向下捋回，右掌捋至右胯旁，掌心向上，左掌捋至腹前，掌心斜向下；同時左腳收至右腳內側。眼看右前方。（圖 191）

(4)、左腳向左前方（東北）邁出一步，重心前移成左弓步；左前臂外旋，右前臂內旋，兩掌上提至胸前，右掌指輕附於左腕內側，隨重心前移自右向前劃平圓，左掌心斜向上，右掌心斜向下，高與肩平。眼看左掌。（圖 192）

(5)、上體左轉；左臂屈肘，左掌向左、向後劃平圓，掌心斜向上；右掌仍附於左腕內側；右腳同時向前跟進半步，腳前掌著地。眼看左掌。（圖 193）

圖 189　　圖 190　　圖 191　　圖 192　　圖 193

(6)、右腳落實，重心後移於右腿，左腳提起，上體右轉；右掌自左前臂內側收於胸前；左前臂內旋，左掌翻轉，掌心斜向前。眼看右前方。（圖 194）

(7)、左腳向前（東北）邁出一步，左腿屈膝成左弓步（兩腳橫向距離約 30 公分），上體左轉；左掌上架於左額前上方，掌心斜向上；右掌向前推出，掌心朝前，高與鼻平。眼看右掌。（圖 195）

(8)、重心後移，左腳尖翹起內扣，上體右轉；左臂外旋使手心斜向上，落於體前；右掌稍回收再從左前臂上穿出。（圖 196）

(9)、左腳落實，重心前移於左腿，上體稍右轉；右掌向右前方抹掌，左掌收於右肘內側下方，兩掌心斜相對。眼看右掌。（圖 197）

(10)、上體左轉；兩掌自前向下捋回，左掌捋至左胯旁，掌心向上，右掌捋至腹前，掌心斜向下；同時右腳收於左腳內側。眼看左前方。（圖 198）

(11)、右腳向右前方（東南）邁出一步，重心前移成右弓步；兩前臂旋轉，兩掌向上收至胸前，左掌指輕附於右腕內

圖 194　　　　　圖 195　　　　　圖 196

圖 197　　　　　圖 198　　　　　圖 199

側，隨重心前移自左向前劃平圓，右掌心斜向上，左掌心斜
向下，高與肩平。眼看右掌。（圖 199）

　　⑿、上體右轉，左腳向前跟進半步，腳前掌著地；右臂
屈肘向右、向後劃平圓；左掌仍附於右腕內側。眼看右掌。
（圖 200）

　　⒀、左腳落實，重心移至左腿，右腳微提，上體左轉；
左掌收於胸前，右前臂內旋，右掌心斜向前。眼看右前方。
（圖 201）

⒁、右腳向前（東南）邁出一步，右腿屈膝成右弓步（兩腳橫向距離約 30 公分），上體右轉；右掌上架於右額前上方，掌心斜向上；左掌向前推出，高與鼻平，掌心向前。眼看左掌。（圖 202）

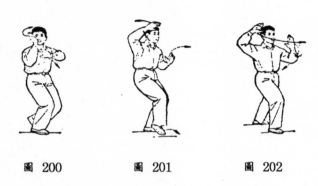

圖 200　　　　圖 201　　　　圖 202

要點：手腳動作配合要協調，應大體做到：扣腳（扣到和中線大體平行）和穿掌一致；弓腿和抹掌一致；下捋和收腳一致；翻掌向前劃平圓與上步弓腿一致；向後劃平圓和跟步一致；翻掌和後坐一致；前推、上架和上步弓腿一致。定式方向分別為東北和東南。步型為拗弓步，跨度應保持 30 公分左右。上體要直，胯要正，防止吊肘、歪身、扭胯。

三六、退步穿掌

(1)、重心後移至左腿，右腳尖翹起，上體左轉；左掌向左、向後劃弧至左腰側，掌心向下；右前臂向外旋，右掌落於體前，掌心斜向上。眼看右掌。（圖 203）

(2)、右腳提起經左腳內側向後（正西）撤步，左腿屈膝成左弓步；右掌下按，落於左肘下方；左掌掌心翻轉向上卷收至腰間，再經右前臂上向前上方穿出，高與眼平。眼看左

掌。（圖 204）

圖 203　　　　　　圖 204

要點：坐腿要充分，收腳要輕，退步要穩，方向轉為正東。上下要配合，手的動作不要過快。

第六段

三七、虛步壓掌

(1)、重心後移，左腳內扣，上體右後轉；同時右掌收至腹前，左掌舉於左額上方。眼向前平視。（圖 205）

(2)、重心後移至左腿，右腳提起，腳尖轉朝前成右虛步；上體向下鬆沈，微向前俯；左掌自上而下橫按於右膝上方，掌心向下，拇指向內；右掌按於右胯旁，掌指向前。眼看前下方。（圖 206）

要點：轉身成虛步時，右腳要稍向右調整移動，做到鬆腰鬆胯。壓掌時順肩轉腰，不要低頭彎腰，上體不要過於前俯。

三八、獨立托掌

左腳蹬地、左腿微屈站穩，右腿屈膝提起，腳尖自然下

垂，成左獨立步；同時上體左轉，右掌翻轉上托，舉於體前，掌心向上，腕高與胸平；左掌向左、向上劃弧，撐於體側，高與胸平，掌心向外，掌指斜向前上。眼看前掌。（圖207）

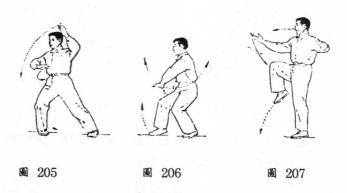

圖 205　　　　　　圖 206　　　　　　圖 207

要點：蹬起、轉腰、托掌三者要協調一致。定式時鬆腰、含胸、沈肩，墜肘、沈腕，微微呼氣，體現出動作的虛實變化。

三九、馬步靠

(1)、右腳在體前橫落，重心移於右腿，上體右轉；右臂內旋，右掌向下、向右劃弧；左臂外旋，左掌向上、向右劃弧。眼平視。（圖208）

(2)、左腳收於右腳內側；右掌翻轉向上，並側舉至右耳側；左掌變拳，落於胸前，拳心向下。眼看前方。（圖209）

(3)、左腳向左前方（西南）上步，重心略向前移成半馬步（身體重心偏於右腿），上體稍左轉；左前臂下落經腹前向前靠出，左臂微屈停於身體左側，左拳拳眼向內，拳面向下停於左膝上方；右掌落於左肘內側，掌心向前，推助左臂

向前靠出（此動作也可採取短促發力練法）。眼看左前方
（西南）。（圖 210）

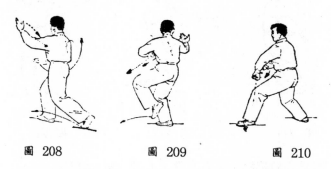

圖 208　　　　　圖 209　　　　　圖 210

　　要點：向前墊步和上步時都要腳跟先著地，然後隨重心
前移全腳踏實。定式時，方向西南，腰向前、向下鬆沈，保
持樁步穩定，上體正直。如採用發力練法，要做到腰腿發力
，周身完整，小腹充實，快速整齊。半馬步步型，兩腳夾角
不要超過 90° 重心稍偏於後腿，要圓襠，後膝微向內合。

　　四〇、轉身大将

　　⑴、重心後移，上體微右轉，左腳尖外展；左拳變掌，
兩掌掌心同時轉向右並微向後收。眼看前方。（圖 211）

　　⑵、上體左轉，左腳落實，重心前移，右腳向前收於左
腳內側（兩腳平行，相距約 10 公分），身體稍向上站起，
重心仍在左腿；兩掌同時向上提舉，高與肩平，右掌舉於身
體右側，掌心向上，左掌屈肘提至體前，掌心向外。眼看右
掌。（圖 212、213）

　　⑶、右腳前掌為軸，腳跟外展，屈膝下蹲，身體重心移
向右腿，上體左轉，左腳向後（西北）撤步；兩掌隨體轉向
左平将至體前，右掌伸向東南，高與肩平，左掌停於右肘內

圖 211　　　　　　圖 212　　　　　　圖 213

側，兩掌心斜相對。眼看右掌。（圖 214、215）

　　⑷、上體繼續左轉，重心移向左腿，右腳跟外展成橫襠步；兩掌隨轉體向左平捋，同時逐漸握拳，然後鬆腰、沈肩，左前臂外旋，左拳收於左腰間，拳心向上，右前臂外旋滾肘下沈，右拳高與胸齊，停於體前，右臂半屈成弧形，拳心斜向內。眼看右拳。（圖 216、（216））

圖 214　　　圖 215　　　圖 216　　　（216）

　　要點：併步、轉體、撤步、平捋要銜接配合，以腰作軸。併步以後面向正南，撤步以後面向東南，後腳斜向東北。

定式時，面向東北成橫襠步（兩腳平行向前，寬同弓步，左腿屈弓，右腿自然伸直），兩手由平挒轉為滾肘撅臂，向下沈勁。頭隨身體自然轉動。

四一、撩掌下勢

⑴、上體右轉，重心移向右腿；右臂屈肘向上劃弧，右拳停於右額前，拳心向外；左拳自腰間向身後穿出，拳心向後。眼看前方。（圖 217）

⑵、左腳尖外展，右腳尖內扣，重心左移，上體左轉；左拳翻轉變掌，自左向體前劃弧，掌心斜向下；右拳變掌向後、向下劃弧，掌心由後漸轉向前。頭隨體轉，眼看前方。（圖 218）

⑶、右腳進半步停在左腳側後方，腳前掌點地成丁步；右掌經右胯外側向前下方撩出，掌心斜向前，高與小腹平；左掌掌指輕附於右前臂內側，掌心斜向下，拇指向內。面向西北，眼看前下方。（圖 219、（219））

圖 217　　　圖 218　　　圖 219　　　（219）

⑷、右腳落實，上體右轉，重心移於右腿，左腳輕輕提起；右掌向上、向右劃弧至身體右前方變成勾手，左掌仍附於右前臂內側並隨之轉動，然後收於右肘彎處，掌心向內。

眼看右勾手。（圖 220、221）

　　(5)、左腿向左側方（正西偏南）僕出，右腿屈蹲成左僕步，上體左轉；左掌下落經腹前順左腿內側向前穿出，掌心向右。眼看左掌。（圖 222、223）

圖 220　　　圖 221　　　圖 222　　　圖 223

　　要點：撩掌以前，兩腳的展、扣要和身體轉動一致，左手在身後劃弧不要過大；跟步時，要合胯屈腿將右腳輕輕提起。下勢時，先僕出左腿，然後轉身穿掌，右腿要全蹲（老年人可以半蹲），兩腳都要全腳著地，上體不可弓腰、低頭，過於前俯。撩掌方向西北，下勢方向西偏南。

　　四二、上步七星

　　(1)、重心前移，上體左轉，左腳尖外展，右腳尖內扣，右腿自然蹬直，左腿屈弓；左掌向上、向前挑起，高與肩平；右臂內旋下落，勾尖向上，停於身後。眼看左掌。（圖224）

　　(2)、右腳前上一步，腳前掌落地成右虛步；左掌變拳微向內收，拳心向內，右勾手變拳自後向前、向上架起，拳心向外，兩腕相交成十字拳（右拳在外），高與肩平，兩臂撐圓。眼看左拳。（圖 225）

　　要點：起身前，隨上體左轉，左腳尖儘量外展，右腳尖

圖 224　　　　　　　圖 225

儘量內扣。起身時，合胯、提腿上步要輕勻平穩。定式時，肩胯要鬆沈。

四三、獨立跨虎

(1)、右腳向右後撤一步，重心後移，上體右轉；右拳變掌向下、向右劃弧，停於右胯外側，掌心向下；左拳同時變掌隨身體右轉稍向右劃弧。（圖 226）

(2)、左腳提起微向右移動成左虛步，上體左轉；左掌向下經腹前再向左劃弧按於左胯旁；右掌向上劃弧經頭前再向下劃弧，落於左腿側上方，掌心向上。頭隨身體轉動，眼向前平視。（圖 227）

(3)、右腿蹬地獨立，微屈站穩，左腿提起，膝部微屈，腳面展平，舉於體前；右掌向前、向上挑掌，掌心側向左，腕部高與肩平；左掌變勾手同時上提，舉於左後方，高與肩平。上體左撐，眼看左前方（西南）。（圖 228）

要點：定式時，右腿獨立，膝部微屈，左腿似直未直，自然地懸舉於體前，左腳略內扣，高度因人而異。右手左腳大體上下相對。上體扭向西南，保持自然舒展。

四四、轉身擺蓮

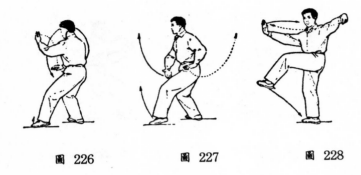

圖　226　　　　　　　圖　227　　　　　　　圖　228

　　(1)、上體右轉，左腳在右腳外側扣腳落下；左勾手變掌
，手心轉向上，自左後向前劃弧平擺，高與肩平；右掌翻轉
向下，向右、向後屈肘平帶。眼平看前方。（圖 229）

　　(2)、兩腳前掌為軸，向右後轉體；左掌稍內收，右掌翻
轉經胸前向左肘下方穿出，兩掌掌心皆朝上。頭隨體轉，平
看前方。（圖 230）

　　(3)、身體繼續右轉至面向正南；右掌自左肘下穿出後向
上、向右劃弧，同時前臂內旋，掌心轉向右，舉於體右側
，高與肩平；左掌自右臂內側回收至右肩前，掌心亦轉向右
。眼看右掌。（圖 231）

　　(4)、右腳提起向左、向上、向右作扇形外擺，腳面展平
；同時兩掌自右向左擺掌，在體前先左後右拍擊右腳面。眼
看兩掌。（圖 232）

　　要點：扣步不要太遠，兩腿微屈，兩腳前掌碾地，身體
旋轉 270°，上體不要搖晃，兩臂穿擺要和身體旋轉一致。
擺蓮腳時，右腿上舉，上體微向前傾，但不可緊張。年老體
弱者，手可不拍擊腳面。

　　四五、彎弓射虎

圖 229　　　圖 230　　　圖 231　　　圖 232

　　(1)、右小腿屈收，右腳提於身體右側，腳尖自然下垂，左腿微屈獨立，上體左轉；兩掌左擺，左掌擺至身體左側，右掌擺於左肩前，掌心皆向左，高與肩平。眼看左掌。（圖 233 ）

　　(2)、上體微右轉，右腳向右側（正西稍偏北）落下，兩掌下落。眼看前方。（圖 234 ）

　　(3)、上體右轉，身體重心移於右腿成右弓步；兩掌同時向下、向右劃弧至身體右側時變拳，然後上體左轉，左拳經面前向左前方（西南）打出，拳心斜向前，拳眼斜向下，高與鼻平，右拳屈肘收於右額前，拳心向外，拳眼斜向下。眼看左拳。（圖 235、236 ）

　　要點：兩手向右擺動時，頭、腰都要隨之轉動，眼看右拳。定式時，腰向下鬆沈並稍向回（左）旋，但右膝不要內扣，也不要向左扭胯。頭轉向西南和左拳方向一致。弓步方向略偏西北。

四六、右搬攔捶

　　(1)、左腿屈膝，重心後移，右腳尖內扣，上體左轉；左拳變掌翻轉向上，經體前下落收至左腰間，右拳也變掌自左

圖 233　　　　圖 234　　　　圖 235　　　　圖 236

前臂上穿出，向右前方抹掌，掌心向前下。眼先看右掌，再隨轉體向前平視。（圖 237、238）

　⑵、右腳收至左腳內側；左掌在體側劃弧屈收至胸前，掌心向下；右掌變拳向下、向左收至左肋前，拳心向下。眼看前方。（圖 239）

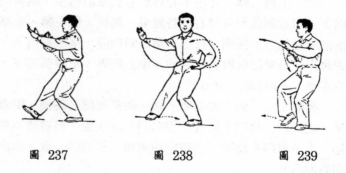

圖 237　　　　　　　圖 238　　　　　　　圖 239

　⑶、右腳向前墊步，腳跟著地，腳尖外撇，上體右轉；右拳向前（正西）翻轉搬出，高與胸平，拳心向上；左掌順勢按於左胯旁，掌指向前。眼看右掌。（圖 240）

(4)、上體右轉，重心前移，左腳提收上步；右拳隨身體右轉向右劃弧，收於右腰間，拳心向上；左掌向左、向前劃弧攔出，掌心斜向下。眼看左掌。（圖 241）

(5)、重心前移，左腿前弓成左弓步，上體微左轉；右拳向前打出，拳眼朝上，高與胸平；左掌收於右前臂內側。眼看右拳。（圖 242）

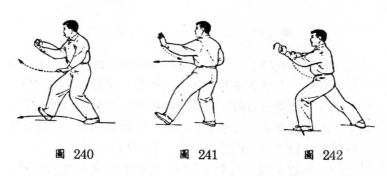

圖 240　　　　　圖 241　　　　　圖 242

要點：收右腳時要先扣回腳尖，再輕輕收腳。必要時，左腳尖可適當外展，便於上體左轉。其他要點參看左搬攔捶。

四七、右掤捋擠按

(1)、重心後移，左腳尖翹起外展，上體左轉；左掌向下劃弧，掌心向上，右拳同時變掌前伸，掌心向下。眼看左前方。（圖 243）

(2)、重心前移，左腿屈膝，右腳收至左腳內側；同時右掌由前向下劃弧，左掌自下、向後再翻轉向上劃弧，兩掌在胸前「抱球」（右掌在下，兩掌心相對）。眼看左掌。（圖 244）

(3)、上體微向右轉，右腳向前方邁出一步，重心前移成

右弓步；兩掌同時上下分開，右前臂向體前掤出，高與肩平
，掌心向內，左掌落按於左胯旁。眼看右前臂。（圖 245）

　　⑷、上體微向右轉，右手隨之前伸，右前臂內旋，掌心
向下，左前臂外旋，左掌掌心向上，經腹前向上、向前劃弧
，伸至右前臂下方。眼看右掌。（圖 246）

　　⑸、上體左轉，兩手向下捋，經腹前再向左後上方劃弧
並上舉至左掌心斜向上，腕高與肩平，右掌心斜向後，平屈
胸前；同時重心後移至左腿，眼看左掌。（圖 247）

　　⑹、上體右轉，重心前移成右弓步；左臂內旋屈肘，左

掌掌指向前搭近右腕內側，掌心向前，雙手同時慢慢向前擠出，右掌心向內，兩臂保持半圓形。眼看右腕。（圖 248）

(7)、左掌經右腕上伸出，隨即兩掌向左右分開，與肩同寬，掌心向下；上體慢慢後坐，身體重心移至左腿，右腳尖翹起；兩臂屈肘，兩掌收至胸前，掌心向前下。眼向前平視。（圖 249）

(8)、右腳落實，右腿前弓成右弓步；兩掌落經腹前向前、向上按出，手腕高與肩平，掌心向前。眼向前平視。（圖 250）

圖 248　　　　　圖 249　　　　　圖 250

要點：同左掤捋擠按，唯左右相反。

四八、十字手

(1)、上體左轉，重心左移，右腳尖內扣；左掌隨身體左轉經面前向左平擺，右掌同時向右側撐開，兩掌心均向前。眼看左掌。（圖 251）

(2)、左腳尖外展，繼續向左轉體，左腿屈膝，右腿自然蹬直；同時左掌隨轉體繼續向左平擺，與右掌對稱平舉在身體兩側，肘部略屈，兩掌心均向前。眼看左掌。（圖 252）

(3)、重心右移，左腳尖內扣，上體右轉；兩掌向下、向

內劃弧，並在腹前使兩腕相交，兩掌合抱（左掌在外），上舉於胸前，掌心均向內。眼看前方。（圖 253）

　　(4)、左腳內收成開立步，兩腳平行，與肩同寬，腳尖向前，然後兩腿慢慢直立，上體轉正；兩掌交叉合抱舉於體前，高與肩平，兩臂撐圓，左掌在外，成斜十字形。眼看前方（圖 254）

圖 251　　　　圖 252　　　　圖 253　　　　圖 254

　　要點：向左擺掌時，右腳扣向正南，左腳隨轉體和重心左移漸漸外展，不要待體重完全壓實左腿後再轉動左腳。合抱雙手時，左腳尖應先內扣再提收左腳，然後緩緩起立，腰部微微回（左）旋至朝向正南，體重平均放在兩腿。

　　收　勢

　　(1)、兩前臂同時內旋，兩掌分開，與肩同寬，掌心向下，徐徐下落。眼看前方。（圖 255）

　　(2)、兩手慢慢下落至兩腿外側，上體正直，頭微上頂，鬆肩垂肘，呼吸自然，眼看前方。（圖 256）

　　(3)、左腳收至右腳旁，兩腳併攏，腳尖仍向前，眼看前方。（圖 257）

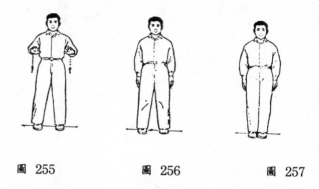

圖 255   圖 256   圖 257

要點：精神、速度、勁力都要均勻完整貫徹始終，不可鬆懈。身體保持自然沈穩。

五、四十八式太極拳的動作路線示意圖

說　明

1.整套拳基本在一條直線上往返運動，因無法疊寫，故將圖面展開。

2.幾個動作在原地活動的，「動作名稱」並列。

3.「動作名稱」的下端為練習者的面向方向，字的上端為背向方向。

4.示意圖方向應假設面向南方起勢，以便與動作說明相對照。

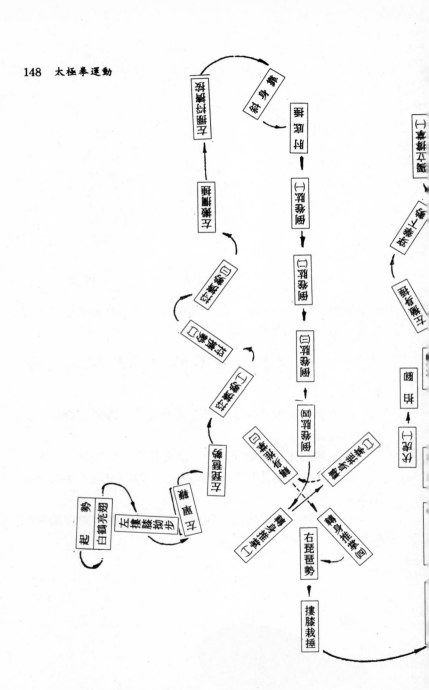

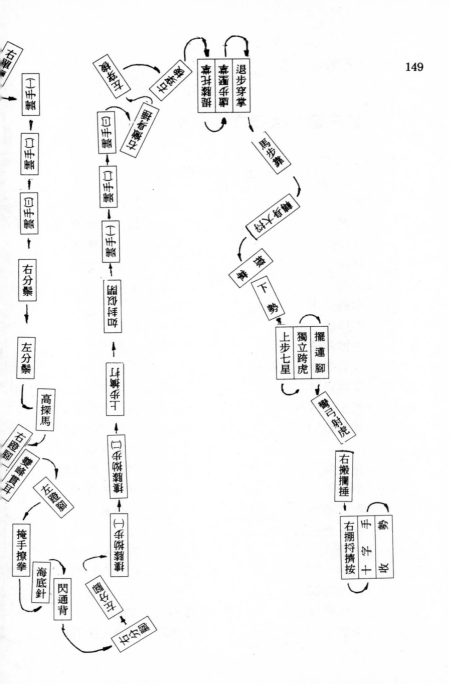

149

第三節　太極拳（八十八式）

一、動作名稱

（　一　）預備式　　　　　（二三）閃通臂

（　二　）起勢　　　　　　（二四）轉身撇身捶

（　三　）攬雀尾　　　　　（二五）進步搬攔捶

（　四　）單鞭　　　　　　（二六）上步攬雀尾

（　五　）提手　　　　　　（二七）單鞭

（　六　）白鶴亮翅　　　　（二八）雲手

（　七　）左摟膝拗步　　　（二九）單鞭

（　八　）手揮琵琶　　　　（三〇）高探馬

（　九　）左右摟膝拗步　　（三一）右分腳

（一〇）手揮琵琶　　　　　（三二）左分腳

（一一）進步搬攔捶　　　　（三三）轉身左蹬腳

（一二）如封似閉　　　　　（三四）左右摟膝拗步

（一三）十字手　　　　　　（三五）進步栽捶

（一四）抱虎歸山　　　　　（三六）翻身白蛇吐信

（一五）斜攬雀尾　　　　　（三七）進步搬攔捶

（一六）肘底看捶　　　　　（三八）右蹬腳

（一七）左右倒卷肱　　　　（三九）左披身伏虎

（一八）斜飛式　　　　　　（四〇）右披身伏虎

（一九）提手　　　　　　　（四一）回身右蹬腳

（二〇）白鶴亮翅　　　　　（四二）雙峰貫耳

（二一）左摟膝拗步　　　　（四三）左蹬腳

（二二）海底針　　　　　　（四四）轉身右蹬腳

（四五）進步搬攔捶　　　　　（六七）閃通臂

（四六）如封似閉　　　　　　（六八）轉身撇身捶

（四七）十字手　　　　　　　（六九）進步搬攔捶

（四八）抱虎歸山　　　　　　（七〇）上步攬雀尾

（四九）斜攬雀尾　　　　　　（七一）單鞭

（五〇）橫單鞭　　　　　　　（七二）雲手

（五一）左右野馬分鬃　　　　（七三）單鞭

（五二）進步攬雀尾　　　　　（七四）高探馬

（五三）單鞭　　　　　　　　（七五）左穿掌

（五四）左右穿梭（四斜角）　（七六）轉身十字蹬腳

（五五）進步攬雀尾　　　　　（七七）摟膝打捶

（五六）單鞭　　　　　　　　（七八）上步攬雀尾

（五七）雲手　　　　　　　　（七九）單鞭

（五八）單鞭　　　　　　　　（八〇）下勢

（五九）下勢　　　　　　　　（八一）上步七星

（六〇）左右金雞獨立　　　　（八二）退步跨虎

（六一）左右倒卷肱　　　　　（八三）轉身擺蓮腳

（六二）斜飛式　　　　　　　（八四）彎弓射虎

（六三）提手　　　　　　　　（八五）進步搬攔捶

（六四）白鶴亮翅　　　　　　（八六）如封似閉

（六五）左摟膝拗步　　　　　（八七）十手字

（六六）海底針　　　　　　　（八八）收勢還原

二、動作說明

　　㈠**預備式**　身體自然直立，兩腳開立，與肩同寬，腳尖向前；兩臂自然下垂，兩手放在大腿外側；眼向前平看（圖1、2）。

　　要點：頭頸正直，下頦微後收。不可故意挺胸或收腹。
精神要集中。

　　㈡起勢　①兩臂慢慢向前平舉，兩手高與肩平，與肩同
寬，手心向下（圖3）。

　　要點：兩臂前舉時，動作須輕緩，不可緊張用力。

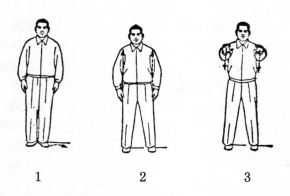

1　　　　　　　　2　　　　　　　　3

　　②兩腿屈膝，兩掌下按，兩肘下垂與膝相對；眼看前方
（圖4）。

　　要點：兩肩下沈，兩肘下垂，手指自然微屈。屈膝、鬆
腰、臀部不可凸出，身體重心落於兩腿中間。兩臂下落要與
身體的下蹲動作協調一致。

　　㈢攬雀尾　①右腳尖微向外撇，同時身體微向右轉，右
臂平屈於胸前，左手隨體轉動作向右下方劃弧至右肋下，與
右手相對成抱球狀（左手心向上，右手心向下）；身體重心
落在右腿上，左腳收至右腳內側，腳尖著地；眼看右手（圖
5）。

　　②上體向左轉，左腳向左前方邁一步，腳尖向前，右腿
自然蹬直，左腿屈膝，成左弓步；同時左臂向左前方掤出

4　　　　　　　　　　5

（即左臂平屈成弓形，用前臂外側和手背向前方推出），左
手和前臂高與肩平，手心向後；右手向右、向下落於右胯旁
，肘微屈，手心向下；眼看左前臂（圖6）。③身體微向左
轉，左臂平屈於左胸前，與肩同高，手心向下；右手經腹前
向左劃弧，至左肋下（手心向上）與左手上下相對成抱球狀
；同時右腳收至左腳內側，腳尖點地，身體重心落在左腿；
眼看左手（圖7）。④上體向右轉，右腳向右前方邁出一步
，左腳跟向後蹬伸，右腿屈膝，成右弓步；同時，上體繼續

6　　　　　　　　　　7

向右轉，面向前方，右臂向前掤出，高與肩平，手心向後；左手向左下落，放於左胯旁，手心向下，指尖向前；眼看右前臂（圖 8）。

　　要點：掤出時，兩肩下沈，兩臂均成弧形。分手、鬆腰和弓腿三者必須協調一致。攬雀尾的弓步，兩腳橫向距離約 10 公分。第①動左腳收至右腳內側和第③動右腳收至左腳內側。如動作熟練後，腿部有足夠支撐力量，能掌握變換身體重心的要領時，也不必腳尖點地，只要前進腳經過支撐腳的內側後，即可向前邁步。類似動作與此相同。　　棚

　　⑤上體稍向右轉，右手隨即前伸翻掌向下，左手翻掌向上，經腹前向上、向前伸至右前臂下方，然後兩手一齊下捋，即上體向左轉，兩手經腹前向左後方劃弧，直至左手手心向上，高與肩齊，右臂平屈於胸前，手心向後；同時身體重心移至左腿；眼看左手（圖 9、10、11）。

8　　　　　　　　　　　9

　　要點：下捋時，上體不可前傾，臀部不要凸出。兩臂下捋須隨腰旋轉，仍走弧線。右腳全腳掌著地。

　　⑥上體稍向右轉，左臂屈肘折回，左手附於右手腕裡側（兩腕相距約 5 公分），上體繼續右轉至面向前方，雙手

10　　　　　　　　　11

同時向前慢慢擠出，右手心向後，左手心向前，兩前臂要保
持成半圓；同時，身體重心逐漸前移成右弓步；眼看右手腕
部（圖 12、13 ）。

12　　　　　　　　　13

　　要點：向前擠出時，上體要正直。擠的動作要與鬆腰、
弓腿相一致。

　　⑦左手經右腕上方向前向左伸出，與右手齊平，手心向
下，右手隨即翻掌向下，兩手左右分開，與肩同寬；然後上
體後坐，身體重心移至左腿，右腳尖翹起；同時，兩臂屈肘
收至胸前，手心均向前下方；眼看前方（圖 14、15、16 ）

14　　　　　　　15　　　　　　　16

。⑧上式不停，兩手慢慢繼續向後收，然後經腹前再向前、向上按出，掌心向前，手腕高與肩平；同時身體重心前移，右腿前弓成右弓步；眼平視前方（圖 17）。

　　要點：向前按時，上體要正直，鬆腰、鬆胯。兩臂應隨著鬆腰、弓腿徐徐向前按出，沈肩垂肘。兩手須走曲線。

　　整個動作均以腰為主宰。兩臂繞行，須圓活自然。腿部的前弓後坐，要靈活穩健。在做掤、擠、按動作時，後腿的腳跟不要隨意扭動。

　　㈣單鞭　①上體後坐，身體重心逐漸移至左腿，右腳尖裡扣；同時上體左轉，兩手（左高右低）向左弧形運轉，直至左臂平舉於左側，手心向左，右手經腹前運至左肋前，手心向後上方；眼看左手（圖 18、19）。②身體重心再漸漸移至右腿，上體右轉，左腳向右腳靠攏，腳尖著地；同時，右手向右上方劃弧（手心由向裡轉向外），至右側方時變為鈎手，臂與肩平；左手向下經腹前向右上方劃弧停於右肩前，手心向裡；眼看左手（圖 20、21）。③上體微向左轉，左腳向左前側方邁出（腳尖向左微斜），右腳跟後蹬成左弓步；在身體重心移向左腿的同時，左掌隨上體繼續左轉慢慢翻轉向前推出，手心向前，手指與眼齊平，臂微屈；眼看左

17　　　　　　18　　　　　　19

20　　　　　　　　21

手（圖 22）。

　　要點：完成姿勢上身正直，鬆腰；右肘部稍下垂，左肘
與左膝上下相對，兩肩下沈。左手向外翻掌向前推時，要隨
轉體邊翻邊推出，不要翻掌太快或最後突然翻掌。全部過渡
動作，上下要協調一致。如面向正南起勢，「單鞭」的方向
應面向東稍偏北（約 15°）。

　　㈤提手　右腿徐徐彎屈，身體後坐並向右側回轉，左腳
尖裡扣，然後身體重心再落於左腿；同時右鉤手變掌由右側
移至臉前成側立掌，指尖高與眉齊，左手收於右臂肘部內側

，高與胸齊，兩手心左右相對；同時右腳提起落於左腳前，
腳跟著地，成右虛步；眼看右手食指（圖 23、24 ）。

22   23

要點：在移動身體重心時，上體要平穩自然，臀部不可
外凸。在右腳跟著地時，右膝微屈，兩肩放鬆下沈，兩臂微
屈，肘尖下垂。胸部肌肉放鬆。如面向南起勢，「提手」方
向為正南偏西（約 30°）。

（六）**白鶴亮翅**　身體向左轉，兩手向左下劃弧，在身體左
側相抱（左手在上，右手在下）；同時右腳稍向後移，腳尖
裡扣；然後上體右轉，再微向左轉面向前方；同時兩手隨轉
體分別向右上左下分開，右手上提停於右額前，手心向左後
方，左手下按落於左胯前，手心向下，指尖向前；同時身體
重心後移至右腿上，左腳移至體前，腳尖點地，成左虛步；
眼平視前方（圖 25—27 ）。

要點：完成姿勢，轉回成面向東方；胸部不要前挺，兩
臂上下均要保持半圓形，左膝微屈。身體重心後移和右手上
提、左手下按要協調一致。

（七）**左摟膝拗步**　①右手從身體前方下落，由下向後上方
劃弧至右肩部外側，肘微屈，手與耳同高，手心斜向上；左

24

25

26

27

手上起由左下向上、向右下方劃弧至右胸前,手心斜向下;
同時上體先微向左再向右轉體,左腳收回至右腳內側,腳尖
點地;眼看右手(圖 28—30)。②上體左轉,左腳向前
(偏左)邁出,右腿自然伸直成左弓步;同時右臂屈回右手
由耳側向前推出,高與鼻尖平,左手向下由左膝前摟過落於
左胯旁,指尖向前;眼看右手手指(圖 31)。

要點:右手推出時,須沈肩垂肘,坐腕舒掌,身體不可
前俯後仰,要與鬆腰、弓腿上下協調一致。摟膝拗步弓步時
,兩腳跟的橫向距離保持約 30 公分左右。如果在向前邁步

28　　　　　29　　　　　30

時，能掌握好變換身體重心的要領，也可腳尖不點地向前直接邁步，但前進腳務要經過支撐腳的內側（慢練時可作停頓）再向前上步，身體要保持平衡穩定。以後類似動作，同此處理，不再注明。

（八）**手揮琵琶**　右腳跟進半步至左腳後，上體後坐，半面向右轉，身體重心移至右腿上；左腳提起略向前移，腳跟著地，腳尖翹起，成左虛步；同時，左手由左下向上，向前上方挑舉，高與鼻尖平，掌心向右，臂微屈，右手收回放在左臂肘部裡側，掌心向左；眼看左手食指（圖 32、33）。

31　　　　　　　　　　32

　　要點：身體要平穩自然，臀部不要外凸。沈肩垂肘，胸部放鬆。左手上起時，不要直向上挑，要由左向上、向前，微帶弧形。右腳跟進時，腳掌先著地，再全腳踏實。身體重心後移與上體半面向右轉、左手上起、右手回收要協調一致。

　　㈨左右摟膝拗步　①右手下落，由下向後上劃弧至右肩部外側，肘微屈，手與耳同高，手心斜向上；左手由左上向右下劃弧放在胸部右側，手心斜向下；同時上體右轉；左腳收至右腳內側，腳尖點地；眼看右手（圖34）。②上體左

33　　　　　　　　34

轉，左腳向前（偏左）邁出成左弓步；同時右臂屈回，右手由右耳側向前推出，高與鼻尖平，左手向下由左膝前摟過落於左胯旁；眼看右手手指（圖35）。③右腿慢慢屈膝，上體後坐，身體重心移於右腿，身體左轉，左腳尖翹起微向外撇；隨後左腳掌慢慢踏實，左腿前弓，身體重心再移到左腿上；右腳收至左腳內側，腳尖點地；同時左手向外翻掌由左後向上劃弧至左肩外側，肘微屈，手與耳同高，手心斜向上；右手隨轉體向上、向左下劃弧落於左肩前，手心斜向下；眼看左手（圖36—38）。④與②解同，只是左右相反（圖39）。⑤與③解同，只是左右相反（圖40、41、42）。⑥

35　　　　　　　　36

37　　　　38　　　　39

40　　　　41　　　　42

與②解同（圖 43）。

　　要點：「右摟膝拗步」與「㈦左摟膝拗步」相同，只是左右相反。

　　（一〇）**手揮琵琶**　動作和要點均與前同（圖 44、45）。

43　　　　　　　　44　　　　　　　　45

　　（一一）**進步搬攔捶**　①身體左轉，左腳尖外撇踏實；同時，左掌翻轉，左臂平屈胸前，手心向下；右掌變拳由體前向左下劃弧，至左肋旁，拳心向下；此時身體重心前移，落於左腿，右腿微屈，腳跟提起向外扭轉；眼看左手（圖46）。②上體右轉，右拳經胸前向前翻轉撇出，拳心向上；左手順勢落於左胯旁；同時右腳前進一步，腳尖外撇；眼看右拳（圖 47）。③身體重心前移於右腿；左手經身體左側向上、向左再向前劃弧攔出，掌心向前下方；同時左腳前進一步，腳跟著地；右拳向右劃弧收至腰部右側，拳心向上；眼看左手（圖 48）。④左腿前弓變左弓步；同時右拳向前打出，拳眼向上，高與胸平；左手附於右前臂裡側；眼看右拳（圖 49）。

46　　　　　　47　　　　　　48

　　要點：上體自然正直。右拳要鬆握。右拳回收時，前臂要慢慢內旋劃弧；然後再外旋停於右腰旁，拳心向上。右拳向前打出時，右肩要隨拳略向前引，沈肩垂肘，右臂要微屈。弓步兩腳跟的橫向距離同「攬雀尾」，即約 10 公分。

　　（一二）如封似閉　①左手由右腕下伸出，右拳變掌，兩手手心逐漸翻轉向上並慢慢分開回收至兩肋旁；同時上體後坐，左腳尖翹起，身體重心移於右腿；腿看前方（圖 50、51）。②兩手在胸前翻掌，與肩同寬，向下經腹前再向上

49　　　　　　　　　　50

、向前推出，手心向前；同時左腿前弓成左弓步；眼看前方
（圖 52、53 ）。

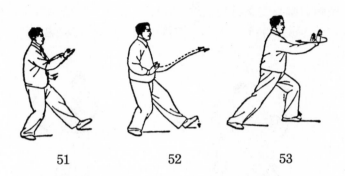

51　　　　　　　　52　　　　　　　　53

　　要點：身體後坐時須鬆腰、鬆胯，上體不可後仰，臀部
不要外凸。兩臂隨身體回收時，肩、肘略向外鬆開，不要直
著抽回。兩手推出寬度不要超過兩肩。

　　（一三）十字手　①身體重心移向右腿，左腳尖裡扣，
向右轉體；右手隨轉體動作向右平擺劃弧，與左手成兩臂側
平舉，掌心向前，肘部微屈；同時右腳尖隨著轉體稍向外撇
，成右側弓步；眼看右手（圖 54、55 ）。②身體重心慢慢

54　　　　　　　　　　55

移於左腿上，右腳尖裡扣；隨即右腳向左收回，兩腳距離與肩同寬，兩腿逐漸蹬直，成開立步，腳尖向前；同時兩手向下經腹前劃弧交叉合抱於胸前，兩臂撐圓，腕高與肩平，右手在外，成十字手，手心均向裡；眼看前方（圖 56、57）。

56　　　　　　　　　57

　　要點：兩手分開和合抱時，上體不要前俯。右腳收回時，腳尖先向裡扣。站起後，身體自然正直，頭要微向上頂，下頦稍向後收。兩臂環抱時須圓滿舒適，沈肩垂肘。

　　（一四）抱虎歸山　　①身體重心微向右移，左腳尖向裡扣，然後兩腿屈膝，身體重心落於左腿；隨即身體左轉，左手由胸前向下、向左劃弧至與左肩齊平，手心斜向上；右臂屈肘，右手回收至左肩前，手心斜向下；眼看左手（圖 58）。②上體微向右轉，右腳向右後側邁一步，屈膝成右弓步；同時右手隨著繼續向右後轉體動作向下、向右摟按放在右膝外側；左臂屈肘，左手經左耳旁向前推出，高與鼻尖齊平；眼看左手（圖 59）。

　　要點：由站立姿勢，身體重心先移至右腿，再扣左腳並下蹲。右手摟按時，比「摟膝拗步」略高一些，然後落在右

膝外側。轉身和推掌要協調一致。如起勢方向朝南，「抱虎歸山」式應面向西偏北（約 30°）。

（一五）**斜攬雀尾**　上體微向右轉，隨轉體右手從右下側上舉，約與肩同高，手心斜向下；同時左手翻轉，手心向上，落至右前臂下方；然後做掤、擠、按動作，方法均與「攬雀尾」式相同，只是方向同「抱虎歸山」式（圖 60、61、62、63、64、65）。

58　　　　　59　　　　　60

61　　　　　62　　　　　63

64　　　　　　　　　65

　　要點：除沒有掤的動作外，其餘都與「右攬雀尾」相同，只是面向斜方向。

　　（一六）肘底看捶　①上體後坐，身體重心慢慢移至左腿，右腳尖裡扣；同時上體左轉，兩手（左高右低）向左弧形運轉，直至左臂平舉於左側，手心向左；右手經腹前運至左肋前，手心向後上方；眼看左手（圖 66）。②身體重心再漸漸移於右腿，上體右轉，左腳向右腳靠攏，腳尖點地；同時右手向右上方劃弧運轉至右側平舉，與肩同高，手心向外；左手也同時向下經腹前向右上劃弧至右肩前，手心向裡；眼看右手（圖 67）。③左腳向左側方（偏前）邁一步，腳尖外撇，身體重心過渡，身體左轉；右腳隨身體的轉動，向左跟進半步，落在左腳後；同時左手隨轉體向左運轉，至身體左方再收至左腰側，掌心向上，右臂也隨轉體向左劃弧運轉，平屈於胸前；眼看前方（圖 68、69）。

　　要點：邁左腳和兩臂的運轉要與身體左轉協調一致。左腿站穩後，右腳再跟進。

　　　④左手由腰際經右手腕上面向前穿出，成側立掌，掌心向右，高與鼻尖齊平；右掌則變拳置於左肘下（拳眼向上）

66

67

68　69　70

；與此同時，身體重心移於右腿，左腿向前邁出半步，腳跟點地，膝部微屈，成左虛步；眼看左掌（圖 70）。

　　要點：身體自然正直。左掌前伸時，身體重心在右腿，左腿微屈。

　　（一七）左右倒卷肱　①右拳變掌，手心轉向上，隨上體右轉經腹前由下向後上方劃弧平舉，臂微屈；左手隨即翻掌向上；左腿膝部放鬆，眼隨著轉體先向右看，再轉向前方看左手（圖 71、72）。②右臂屈肘推向前，右手由右耳側

向前推出，手心向前；左臂屈肘後撤，手心向上，撤至左肋外側；同時左腿輕輕提起，向後（偏左）側退一步，腳掌先著地，然後慢慢踏實，身體重心移至左腿上成右虛步；右腳隨轉體以腳掌為軸扭正；眼看右手（圖 73、74）。③上體微向左轉，同時左手隨轉體向後上方劃弧平舉，手心仍向上；右手隨即翻掌，手心向上；眼隨轉體先向左看，再轉向前方看右手（圖 75）。④與②解同，只是左右相反（圖 76、77）。⑤與③解同（圖 78），只是左右相反。⑥與②解同（圖 79、80）。

71

72

73

74

75

76

77　　　　　　　78　　　　　　　79

　　要點：前推的手不要伸直，後手也不可直向回抽，仍走
弧線。前推時，要轉腰、鬆胯。兩手的速度要一致，避免僵
硬。退步時，前腳掌先著地，再慢慢踏實，同時把前腳扭正
。退左腳略向左後斜，退右腳略向右後斜。後退時避免忽高
忽低，須平衡穩定。虛步的前膝不要挺直。兩眼隨轉體動作
先向左右看（約轉 90°），然後再轉看前手。

（一八）斜飛式　①上體微向左轉，同時左手隨即向後上方
劃弧平舉，手心斜向上；右手鬆腕，掌心斜向下；眼隨轉體
先向左看，再轉向前方看右手（圖 81）。②左手劃弧，左
臂平舉胸前，左手手心向下；右手經體前下方劃弧與左手上
下相對；右腳收至左腳跟旁，腳尖著地（圖 82）。③以左
腳腳掌為軸，身體右轉（右腳隨之扭轉），右腳向右前方邁
出，成右弓步，面向右前方；同時兩手向右上、左下分開，
右手高與眼齊，手心斜向上；左手停於左胯旁，手心向下，
指尖向前；眼看右手（圖 83、84）。

　　要點：向右轉體時，不可太快，整個動作要穩定、自然
。如面向南起勢，「斜飛式」應面向南偏西（約 30°）。

（一九）提手　左腳前跟半步，身體重心移於左腿，然

後右腳提起落下，腳跟著地，膝部微屈，成右虛步；同時，
右掌略向右側方斜帶，再向前方下落成側立掌，高與眉齊；
左手上起舉於右肘內側，高與胸齊，兩手手心相對；眼看右
手（圖 85、86）。

　　要點：與前「提手」相同。

　　（二〇）白鶴亮翅　動作和要點均與前同（圖 87、88
、89）。

　　（二一）左摟膝拗步　動作和要點均與前「左摟膝拗步」
相同（圖 90、91、92、93）。

86   87   88

89   90   91

92   93

（二二）**海底針**　右腳向前跟進半步，身體重心移至右腿，左腳稍向前移，腳尖點地，成左虛步；同時身體稍向右轉，右手下落經體前右方向後、向上提抽至肩上耳旁，再隨身體左轉由右耳旁斜向前下方插出，掌心向左，指尖斜向下；與此同時，左手向前、向下劃弧落於左胯旁，手心向下，指尖向前；眼看前下方（圖 94、95）。

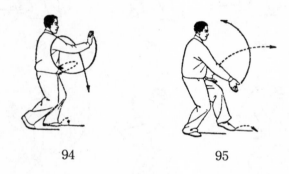

94　　　　　　　　　　　95

要點：身體要先向右轉，再向左轉。完成姿勢上體不可太前傾，避免低頭和臀部外凸，左膝要微屈。

（二三）**閃通臂**　上體稍向右轉，左腳向前邁出，屈膝弓腿，成左弓步；同時右手由體前上提，屈臂上舉，停於額前上方，掌心翻轉斜向上，拇指朝下；左手上起經胸前向前推出，高與鼻尖平，手心向前；眼看左手（圖 96）。

要點：完成姿勢上體自然正直，鬆腰、鬆胯；左臂不要完全伸直，背部肌肉要伸展開。推掌、舉掌和弓腿動作要協調一致。弓步時兩腳跟的橫向距離同「攬雀尾」，即約 10公分。

（二四）**轉身撇身捶**　①右腿慢慢彎屈，身體重心移於右腿，左腳尖裡扣，身體向右轉，然後身體重心再移至左腿

96　　　　　　　　　　97

；與此同時，右手隨轉體向右、向下（變拳）經腹前繞行至左肋旁，拳心向下；左手上舉於頭前上方，臂成半圓形，手心斜向上；眼看前方（圖97）。②身體繼續右轉，右腳提起向右前邁出（腳尖稍斜向右），成右弓步；同時，右拳翻轉（拳心向上）向前撇出；左手由上而下，落於右肘內側；眼看右拳（圖98）。

　　要點：右腳應先收回（不點地）再邁出。弓腿和撇拳動作要一致。「撇身捶」弓步方向應為正西稍偏北（約15°）。

　　（二五）進步搬攔捶　①左腿彎屈，身體重心移於左腿，身體微左轉，右腳收回停於左腳內側，腳尖點地；同時，右拳翻轉，拳心向下，由前向下、經腹前向左劃弧至左肋旁；左臂下落由前下向後上方劃弧平屈胸前，手心向下；眼看前方（圖99）。②向右轉體，右腿向前墊步邁出，腳尖外撇；同時右拳經胸前向前翻轉撇出，拳心向上；左手由右臂外側落於左胯旁，掌心向下，指尖向前；眼看右拳（圖100）。③身體重心移於右腿，身體右轉，左腳向前邁一步；左手

98   99

上起經左側向前上劃弧攔出，手心向前下方；同時右拳向右
劃弧收至右腰旁，拳心向上；眼看左手（圖 101 ）。④左腿
前弓成左弓步；右拳向前打出，拳眼向上，高與胸平；左手
附於右前臂裡側；眼向前平視（圖 102 ）。

100   101   102

　　要點：與前「進步搬攔捶」相同。動作熟練後，右腳收
回至左腳內側時，腳尖可不點地。

　　（二六）上步攬雀尾　①身體重心稍向後移，身體半面
左轉，左腳尖外撇；同時，左手向下、向左後上方劃弧平屈
胸前，手心向下；右拳也同時變掌由前向下劃弧停於腹前，

手心向上，與左手成抱球狀；右腳前進停於左腳內側，腳尖點地；眼看左手（圖 103）。②下面掤、捋、擠、按各法均與圖 8—17 的動作說明相同（圖 104、105、106、107、108、109、110、111、112、113）。

103　　　　　104　　　　　105

106　　　　107　　　　108　　　　109

　要點：與前「攬雀尾」相同。動作熟練後，右腳經左腳內側時，腳尖可以不點地。

　（二七）單鞭　動作和要點均與前「單鞭」式相同（圖

| 110 | 111 | 112 | 113 |

| 114 | 115 | 116 | 117 |

114、115、116、117、118）。

（二八）雲手　①身體重心移於右腿，身體漸漸右轉，左腳尖裡扣；左手經腹前向右上劃弧至右肩前，手心斜向後；同時右手變掌，手心向右前；眼看左手（圖 119、120）。②上體慢慢左轉，身體重心隨之逐漸左移；左手由臉前向左側運轉，手心漸漸轉向左方；右手由右下經腹前向左上劃弧，至左肩前，手心斜向後；同時右腳左移靠近左腳，成小開立步（兩腳距離約 10—20 公分）；眼看右手（圖 121、122）。③上體再向右轉，同時左手經腹前向右上劃弧至右

|118|119|120|121|

肩前，手心斜向後；右手繼續向右側運轉，手心翻轉向右；
隨之左腳向左橫跨一步；眼看左手（圖 123、124）。④同
②解（圖 125、126）。⑤同③解（圖 127、128）。⑥同②
解（圖 129、130）。

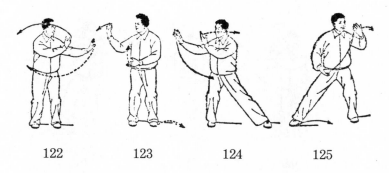

|122|123|124|125|

　　要點：身體轉動要以腰脊為主，鬆腰、鬆胯，不可忽高
忽低。兩臂隨腰的轉動而運轉，要自然圓活，速度要緩慢均
勻。下肢移動時，身體重心要穩定，要前腳掌先著地再全腳
踏實，腳尖向前。眼的視線隨左右手而移動。為使收勢回到
起勢位置，此處「雲手」應做五個。第五個「雲手」右腳最

| 126 | 127 | 128 | 129 |

後跟步時，腳尖微向裡扣，便於接「單鞭」動作。

（二九）單鞭 雲手做五個之後，右手運轉至右上方時變鈎手，同時左腳邁出變為「單鞭」式。動作過程及要點均與前「單鞭」式相同（圖 131、132、133）。

| 130 | 131 | 132 |

（三〇）高探馬 ①右腳跟進半步，身體微向右轉，身體重心逐漸後移至右腿上；右鈎手變成掌，兩手心翻轉向上，肘部微屈；左腳跟漸漸離地；眼看左前方（圖 134）。②身體稍微左轉，面向前方，右掌經右耳旁向前推出，手心向前，手指與眼同高；左手收至左側腰前，手心向上；同時左

133　　　　　134　　　　　135

腳稍向前移，腳尖點地，成左虛步；眼看右手（圖 135 ）。

　　要點：上身自然正直，雙肩要下沈，右肘微下垂。跟步移換重心時，身體不要有起伏。

　　（三一）右分腳　　①左手手心向上，前伸至右手腕背面，兩手相互交叉，隨即向兩側分開並向下劃弧，再抱成十字手；同時左腳向左前方邁出（腳尖略外撇），成左弓步，然後再把右腳收到左腳內側，腳尖點地；眼平看右前方（圖136、137、138）。②兩臂向左右劃弧分開，平舉於身體兩側（肘部微屈，手心向外）；同時右腿屈膝提起，然後使小

136　　　　　137　　　　　138

腿向前方慢慢踢出（腳面繃直）；眼看右手（圖 139）。

　　要點：身體要穩定，不可前俯後仰。兩手分開時，腕部
與肩齊平，沈肩垂肘。分腳時，左腿微屈，右臂和右腿須上
下相對。分腳方向應為東偏南（約 30°）。分手與分腳動
作須協調一致。

　　（三二）**左分腳**　①右腿收回後再向右前方邁出一步，
成右弓步，身體半面右轉；左手由左向下經胸前向前伸出
（手心轉向上）與右手交叉（左上右下），然後兩臂左右分
開自兩側向下劃弧，再抱成十字手，左手在外（手心均向裡）
；同時左腳收到右腳內側，腳尖點地；眼平看左前方（圖
140、141）。②兩臂向左右劃弧分開，平舉於身體兩側（肘
部微屈，手心向外）；同時左腿屈膝提起，然後使小腿向左
前方慢慢踢出（腳面繃直）；眼看左手（圖 142）。

139　　　　　　　140　　　　　　　141

　　要點：與前「右分腳」相同，只是左右相反。分腳方向
應為東偏北（約 30°）。

　　（三三）**轉身左蹬腳**　①左腳落於右腳後，腳尖點地；
同時兩手由左右下落收至腹前合抱，左手在外（手心均向裡）
；眼看左方（圖 143）。②以右腳掌為軸，身體向左後轉（

左腳隨之扭轉），兩臂慢慢上舉成十字手再向左右劃弧分開平舉於身體兩側（肘部微屈，手心向外）；同時左腿屈膝提起，左腳慢慢向左前方蹬出；眼看左手（圖 144、145 ）。

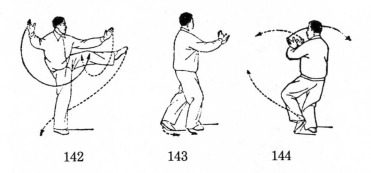

142　　　　　143　　　　　144

要點：身體要穩定，不俯不仰。兩手分開時，兩手腕與肩平。蹬腳時站立腿微屈，左腳腳尖回鈎，用力點在腳跟，左腿和左臂上下相對。如面向南起勢。「轉身左蹬腳」應向正西蹬腳。分手和蹬腳須上下協調一致。

（三四）**左右摟膝拗步**　①左腿落下，再向左前方邁出成左弓步；同時左臂屈肘，左手由上方劃弧落於右肩前，右手心翻轉向上；然後左手摟左膝停於左胯旁，右手則從右耳旁向前推出；眼看右手（圖 146、147 ）。②右摟膝拗步動作與圖 36—39 的說明相同（圖 148、149、150、151 ）。

（三五）**進步栽捶**　身體重心略向後移，右腳尖外撇，身體右轉；同時，左手隨轉體落於右肩前，右手向右後方上舉變拳；然後左腳前進一步，成左弓步；左手摟左膝停於左胯旁，右拳則向前下方打出（拳心斜向下、拳眼向左）；眼看前下方（圖 152、153、154 ）。

要點：上體正直，鬆腰、鬆胯，右肩不可下傾。

145

146

147

148

149

150

151

152

153

（三六）**翻身白蛇吐信**　①身體重心後移，右拳上提右前臂橫置於胸前，拳心向下；左手自左向前劃弧上舉，至頭部的前上方；同時左腳尖裡扣，身體右轉，重心再移於左腿；右腳收回即向右後方邁出（步子略小些，腳尖稍斜向右），身體重心大部仍在左腿，右膝微屈，同時右拳與右腿同時向同一方向撇出，拳心向上，肘部下垂；左手在右拳撇出時下落於右前臂內側，掌心向下；眼看右拳（圖 155、156、

154　　　　　　　155　　　　　　　156

157、158）。②左手經右拳上方向前推出，掌心向前；右拳變掌收至右腰旁，掌心向上；同時右腿前弓成右弓步；眼看左手（圖 159）。③身體重心再移於左腿，右腳略向後撇，前腳掌著地，成右虛步；同時右手變拳從左手下方向前打出（拳眼向上），高與胸齊；左掌附於右前臂內側；眼看右拳（圖 160）。

要點：身體要正直。左手前推時，要向右、向前略帶弧線。右掌打出時，右臂不要伸直，沈肩垂肘。撇步時，先翹腳尖，再撇右腳，注意動作自然穩定。如面向南起勢，轉身白蛇吐信式應面向東稍偏南（約 15° ）。

157　　　　　　158　　　　　　159

（三七）**進步搬攔捶**　身體左轉，右拳經腹前向下、向
左上繞行停於左腰旁（拳心向下）；右腳收回至左腳內側，
腳尖點地；左掌（翻掌，掌心向上）經腹前向左後再向前上
繞行，左前臂平屈胸前，掌心變為向下；這幾個動作姿勢與
前「進步搬攔捶」動作（即圖 47—49）的說明相同（圖 161
、162、163、164）。

　　要點：與前「進步搬攔捶」相同。動作熟練後，右腳收

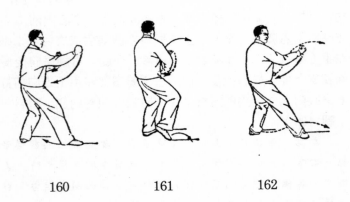

160　　　　　　161　　　　　　162

163　　　　　　　　164

回時，腳尖可以不點地。

（三八）**右蹬腳**　①兩手上舉向左右分開，並向下劃弧，在胸前交叉成十字手（右手在外，手心均向裡）；同時，身體重心略後移，左腳尖微向外撇，身體重心再移至左腿，右腳跟進至左腳內側，腳尖著地；眼看右前方（圖 165、166）。②右腿屈膝提起，右腳慢慢向右前方蹬出（腳尖回鈎）；同時兩手向左右分開，肘部微屈，兩臂平舉；眼看右手（圖 167）。

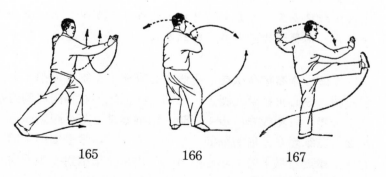

165　　　　　166　　　　　167

要點：與前「右分腳」相同，只是用力點在腳跟。

168　　　　　　　　　169

（三九）**左披身伏虎**　①右腳收回落於左腳後方，成交叉步；同時左手由左上方向體前繞行，停於右前臂內側；眼看右手（圖 168）。②左腿提膝，左腳向左側方撤一步，同時身體左後轉，左腿屈膝成左弓步；同時，兩手一齊向腹前下落，右手變拳停於左胸前（拳心向下），左手變拳由下向左上劃弧，停在左額上方（拳心向外），兩拳上下相對；視線隨轉體而移動，然後平視右前方（圖 169）。

　　要點：交叉步落腳距離位置要合適。完成姿勢左弓步方位與中軸線垂直。如面向南起勢，此時弓步方向正北，面向東偏北。兩臂保持半圓形，胸肌要放鬆。弓步要鬆腰、鬆胯。

（四〇）**右披身伏虎**　身體重心後移，左腳尖裡扣，上體右轉，重心再移至左腿上；隨即右膝提起，右腳向右側方邁出一步，弓腿成右弓步；同時，兩拳變掌下落經腹前向右劃弧，左掌變拳停於右胸前（拳心向下），右掌變拳經身體右側上舉於右額上方（拳心向外），兩拳上下相對；眼看左前方（圖 170、171、172）。

170　　　　　　　　171

172　　　　　　　　173

　　要點：除無交叉步外，其他都和前「左披身伏虎」相同，只是左右相反。完成姿勢、弓步方向正南，面向東偏南。

　　（四一）回身右蹬腳　　①左膝彎屈，右腳尖裡扣，身體左轉，左腳隨之使腳尖外撇，身體重心移於左腿；左拳隨轉體上舉，兩臂在臉前分開變掌，再合抱於胸前，成十字手（右手在外，手心均向裡）；同時，右腳收至左腳內側，腳尖著地；眼看右前方（圖 173、174、175）。

　　要點：身體左轉，當重心在兩腿中間時，左腳隨之使腳

174　　　　　　175

尖外撇，動作要自然。

　　②蹬腳動作與前「右蹬腳」的說明相同（圖 176）

　　要點：與前「右分腳」相同，只是用力點在腳跟。

　　（四二）雙峰貫耳　①右腿收回，膝蓋提起；左手由後向上、向前下落至體前，兩手心均翻轉向上；兩手同時向下劃弧分落於右膝兩側；眼看前方（圖 177）。②右腳向右前方落下，重心漸漸前移，成右弓步，面向右前方；同時兩手下落，慢慢變拳，分別從兩側向上、向前劃弧至面部前方，

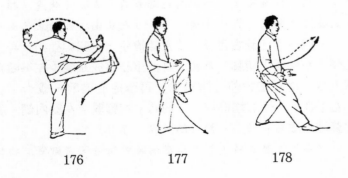

176　　　　　　177　　　　　　178

成鉗形狀，兩拳相對，與耳同高，兩拳拳眼都斜向內下（兩拳中間距離約 10—20 公分）；眼看右拳（圖 178、179）。

　　要點：完成姿勢頭頸正直，鬆腰、鬆胯，兩拳鬆握，沈肩垂肘，兩臂均保持弧形。如面向南起勢，「雙峰貫耳」與「回身右蹬腳」右分腳式方向相同，皆為面向東偏南。

　　（四三）左蹬腳　　①身體重心後移，右腳尖外撇，兩拳變掌向左右分開，向下劃弧後合抱於胸前成十字手（左手在外，手心均向裡）；同時身體重心再移至右腿上，左腳收至右腳內側，腳尖著地；眼看左前方（圖 180、181）。②兩

179　　　　　　　　　　　　180

臂慢慢分開劃弧成左右平舉（肘部微屈，手心向外）；同時左腿慢慢提起向左前方蹬出（腳尖回鉤）；眼看左手（圖182）。

　　要點：與前「轉身左蹬腳」相同，只是方向不同。如面向南起勢，此式蹬腳方向為正東。

　　（四四）轉身右蹬腳　　①左腿屈膝收回向右腳外側落下，趁左腿落勢，以右腳前腳掌為軸，向右後轉體約 270°；左腳落地後，身體重心立即移至左腿，右腳前掌著地；同時

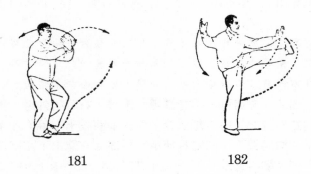

181　　　　　　　　182

兩手向左右下落，向下劃弧，再向上合抱於胸前成十字手
（右手在外）；眼看右前方（圖 183、184）。②兩臂分開
向左右平舉（肘部微屈，手心向外）；同時右腿屈膝提起，
右腳慢慢向右前方蹬出（腳尖回鈎）；眼看右手（圖 185）。

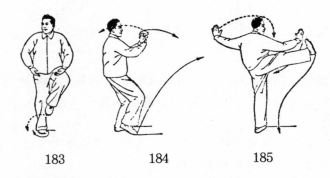

183　　　　　　　484　　　　　　　485

　　要點：與前「轉身左蹬腳」相同，只是左右腳不同。蹬
腳方向為正東。
　　（四五）進步搬攔捶　①右腿屈膝下落，腳尖點地，再

向前邁出，腳尖外撇（如果能掌握好重心，右腳也可在收回時不落地而直接邁出）；同時，右掌下落變拳，經腹前向上、向前撇出（拳心向上），左掌屈肘收至身體左側（掌心向下）眼看右拳（圖 186、187）。②其餘的動作與前「進步搬攔捶」圖 48、49 的說明相同（圖 188、189）。

186　　　　187　　　　188

要點：與前「進步搬攔捶」相同。

（四六）如封似閉　動作及要點均與前「如封似閉」相同（圖 190、191、192、193）。

189　　　　190　　　　191

192　　　　　193　　　　　194

　（四七）十字手　　動作及要點均與前「十字手」相同
（圖 194、195、196、197）

195　　　　　196　　　　　197

　（四八）抱虎歸山　　動作及要點均與前「抱虎歸山」相
同（圖 198、199）。

　（四九）斜攬雀尾　　動作及要點均與前「斜攬雀尾」相
同（圖 200、201、202、203、204、205）。

　（五〇）橫單鞭　　動作及要點與前「單鞭」式相同，惟
左腳應向起勢方向跨出，並落地成左弓步，方位與中軸線垂

198　　　　199　　　　200　　　　201

202　　　　203　　　　204　　　　205

直，面向正南（圖 206、207、208、209）。

（五一）左右野馬分鬃 ①身體重心微微移至左腿，同時身體微向左方轉動，左臂平屈於胸前，右鈎手變成掌經體前向左前下方劃弧至與左手相對成抱球狀（左手心向下，高與胸平，右手心向上，高與腰平）；同時右腳跟進至左腳內側，腳尖著地；眼看左手（圖 210）。②上體微向右轉，右腳向右前方邁出，左腳跟後蹬，左腿自然伸直，成右弓步；

| 206 | 207 | 208 | 209 |

同時上體繼續向右轉，兩手隨轉體慢慢分開（右手向上，左手向下），右手高與眼平（手心斜向上），肘微屈，左手落在左胯旁，肘亦微屈，手心向下，指尖向前；眼看右手（圖211）。③上體慢慢後坐，身體重心移於左腿，右腳尖翹起微向外撇（約 45°—60°），隨後腳掌慢慢踏實，右腿慢慢前弓，身體右轉，身體重心再移於右腿；同時，右手翻掌向下，右臂收在胸前平屈；左手經體前向右上劃弧放在右手下，兩手心相對成抱球狀；左腳隨即收至右腳內側，腳尖著地；眼看右手（圖 212、213、214）。④左腿向左前方邁出，右腿自然伸直，成左弓步；同時上體左轉，兩手隨轉體分別慢慢向左上右下分開，左手高與眼平（手心斜向上），肘微屈，右手落在右胯旁，手心向下，肘亦微屈；眼看左手（圖 215）。⑤與③解同，只是左右相反（圖 216、217、218）。⑥與④解同，只是左右相反（圖 219）。

要點：上體不可前俯後仰，胸部必須寬鬆舒展。兩臂分開時保持弧形。身體轉動時要以腰為軸。弓步時，兩腳橫向距離應保持 30 公分左右。弓步動作與分手的速度要均勻一

210　　　　　211　　　　　212

213　　　　　214　　　　　215

216　　　　217　　　　218　　　　219

致。分手時，向上的臂要有向外靠的意念。邁步時，如果變換重心能掌握得好，前進的腳可不點地，但須經過支撐腳的內側再向前上步，以保持身體平衡穩定。

（五二）進步攬雀尾　①上體後坐，身體重心移於左腿，右腳尖翹起微向外撇，隨即右腿前弓，身體右轉，重心移於右腿；同時，右手翻掌向下收在胸前，右臂平屈，左手經腹前向右上劃弧放在右手下，兩手心相對成抱球狀；左腳跟步至右腳內側，腳尖著地；眼看右手（圖 220、221、222）。②左腳向左前方邁出，成左弓步；同時左臂向左前方掤出，左手高與肩平；右手向右、向下落於右胯旁，手心向下；眼看左前臂（圖 223）。③上體後坐，左腳尖外撇，身體左

220　　　　221　　　　222　　　　223

轉；同時，左手翻掌向下，臂平屈胸前，右手經腹前劃弧與左手成抱球狀；右腳跟步至左腳內側，腳尖著地；眼看左手（圖 224、225）。其餘動作及要點均與前「上步攬雀尾」相同（圖 226—234）。動作熟練後，進步時腳尖可以不點地。

（五三）單鞭　動作及要點均與前「單鞭」相同（圖 235—239）。

224　　　　225　　　　226　　　　227

228　　　　229　　　　230　　　　231

232　　　　233　　　　234　　　　235

| 236 | 237 | 238 | 239 |

（五四）左右穿梭（四斜角）　①身體重心略向後移，左腳尖裡扣，身體重心又移於左腿，右腳掌為軸，腳跟內轉，身體隨之向右後轉，兩腿扭轉成半坐盤勢；同時，右手變掌右臂收至胸前平屈，手心向下，左手由左向下劃弧停在腹前，手心向上，兩手心相對成抱球狀；然後左腳向左前方邁出一步，成左弓步；左手由臉前翻掌向上舉起，置於左額前，手心斜向上，右手則向前方推出，高與鼻尖平；眼看右手（圖 240、241、242）。②身體重心移於右腿，左腳尖裡扣，身體向右後轉，身體重心再移至左腿，右腳收至左腳裡側

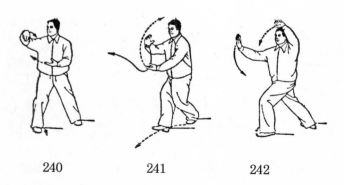

| 240 | 241 | 242 |

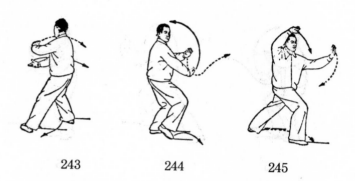

243　　　　　244　　　　　245

，前腳掌著地；同時左手下落平屈於胸前，右手下落在腹前
，手心向上，與左手相對成抱球狀；然後以左腳掌為軸，身
體再向右後轉，右腳向右前方邁出一步，弓腿成右弓步；右
手上舉置於右額前，手心斜向上；左手則向前推出；眼看左
手（圖 243、244、245）。③身體重心稍向後移，右腳尖微
外撇，隨之身體重心又移至右腿，左腳進至右腳內側，腳尖
點地；左手劃弧收至腹前，手心朝上，右手落下，右前臂經
胸前，手心朝下，兩手相對成抱球狀；然後左腳向左前方邁
出一步，成左弓步；左手上舉置於左額前，手心斜向上；右
手則向前推出；眼看右手（圖 246、247）。④身體重心移
於右腿，左腳尖裡扣，身體向右後轉，右腳收至左腳內側，
腳尖點地；同時左手下落，手心向下，前臂平屈，右手劃弧
收至腹前，與左手成抱球狀；然後以左腳掌為軸，身體再向
右後轉，右腳向右前方邁出一步，成右弓步；同時右手上舉
置於右額前，手心斜向上；左手則向前推出；眼看左手（圖
248、249、250）。

　　要點：上體保持正直。手向上舉時，不要引肩上聳；前
推動作要與鬆腰弓腿動作上下協調一致（左右要領相同）。

246　　　　　247　　　　　248

249　　　　　　250

弓步兩腳橫向距離保持約 30 公分。左右穿梭動作要面向四個斜角，如面向南起勢，穿梭方向分別為西南、東南、東北、西北。

（五五）　進步攬雀尾　①身體重心稍向後移，右腳尖微向外撇，隨之身體重心又移至右腿，左手心翻轉向上，右手心翻轉向下，兩手相對在體前成抱球狀；同時左腳跟進至右腳內側，腳尖點地（如果變換身體重心掌握較穩，左腳前進時也可不點地）；然後左腳向左前方邁出，成左弓步；同時兩手左上右下分開，左前臂向前方掤出，高與肩平，手心

向後；右手向右下落放於右胯旁，肘微屈，手心向下，指尖向前；眼看左前臂（圖 251、252 ）。②身體重心略向後移，左腳尖外撇，身體左轉，右腳收至左腳內側，腳尖點地（熟練後，可以不點地）；同時，左臂平屈胸前，右手經體前向左上劃弧，與左手上下相對成抱球狀；眼看左手（圖253 ）。

其餘動作及要點均與前「上步攬雀尾」相同（圖 254—262 ）。

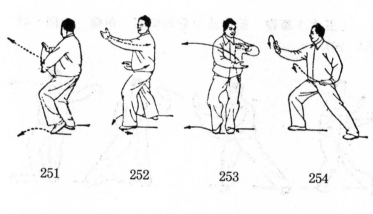

251　　　　252　　　　253　　　　254

255　　　　256　　　　257　　　　258

259　　　　260　　　　261　　　　262

（五六）單鞭　動作及要點均與前「單鞭」相同（圖263—267）。

263　　　　264　　　　265　　　　266

（五七）雲手和（五八）單鞭　動作及要點均與前「雲手」和「單鞭」相同。這裡，「雲手」也應做五個（圖268—282）。

（五九）下勢　身體右轉，右腳尖稍外撇，重心移至右腿，右腿彎屈下蹲；左腳掌為軸，腳跟外蹬，左腿伸直，成左僕步；同時，左手隨轉身動作向上、向右下收至右肩前，然後下沈（掌心向外）順左腿內側向前穿出；右鈎手在身右

267

268

269

270

271

272

273

274

275

276   277   278

279   280   281

282   283   284

平舉，鈎尖向下；眼看左手（圖 283、284）。

要點：下蹲僕步時，根據自己條件，也可左腳尖裡扣。兩腳要全腳掌著地。上體不可過於前俯。

（六○）**左右金雞獨立**　①左腳尖微外撇，右腿漸漸蹬直，上體向前直起，右腳尖裡扣，左腿繼續前弓，身體重心逐漸前移至左腿，然後右腿提起成左獨立式；同時右鈎手變掌，沿身體右側，向前、向上舉起，停於右腿上方，高與鼻平，肘與膝相對，手心向左；左手則下落停於左胯旁，手心向下；眼看右手（圖 285、286）。②右腳下落於左腳後，腳尖稍外撇，左腿提起成右獨立式；同時左掌由下向前舉起，高與鼻平，肘與膝相對，手心向右；右手落於右胯側，手心向下；眼看左手（圖 287）。

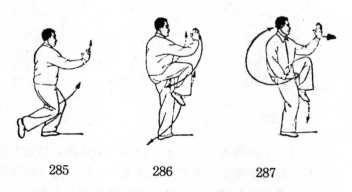

285　　　286　　　287

要點：獨立腿要稍微彎屈。上體要正直，力求平衡穩定。

（六一）**左右倒卷肱**　上體微向右轉，右手回撤，翻掌手心向上，隨即屈肘，上體微向左轉，手掌經右耳旁向前推出；左手後撤至左肋外側，手心朝上；同時左腳向左後側方退一步，身體重心後移，前腳以腳掌為軸扭直，成右虛步；

眼看前方（圖 288、289）。其餘動作及要點均與前「左右倒卷肱」相同（圖 290—295）。

（六二）斜飛式、（六三）提手、（六四）白鶴亮翅、（六五）左摟膝拗步、（六六）海底針、（六七）閃通臂、（六八）轉身撇身捶、（六九）進步搬攔捶、（七〇）上步攬雀尾、（七一）單鞭、（七二）雲手、（七三）單鞭和（七四）高探馬的動作及要點均與圖 81—135 各式相同（圖 296—349）。為使「收勢」回到「起勢」位置，（七二）雲手應做三個。

294 295 296

297 298 299 300

301 302 303 304

305

306

307

308

309

310

311

312

313

314

315

316

317

318

319

320

321

322

323

324

325

326

327

328

329

330

331

332

333

334

335

336

337

338

339

340

341

342

343

344　　　　　345　　　　　346

347　　　　　348　　　　　349

（七五）**左穿掌**　右手稍下落，左手經右手背上穿出，伸向前上方，手心斜向上，高與眼平；右手落於左肘下方，手心向下；同時左腳向前邁出半步，成左弓步；眼看左手（圖 350）。

　要點：伸掌、弓腿和鬆腰要一致。

（七六）**轉身十字蹬腳**　重心移於右腿，左腳尖裡扣，身體由右向後轉，重心再移回左腿，右腳跟先離地，然後漸漸提膝；同時兩手合抱胸前，右手在外，手心均向裡，成十

字手式；然後兩臂向左右分開，手心轉向外；右腳向前方蹬
出；眼看前方（圖 351、352、353）。

350   351   352   353

要點：獨立時，身體要穩定，右腿要平，蹬腳力在腳跟
，腳向正前方。

（七七）**摟膝打捶** 右腳在身前落下踏地，腳尖外撇，
身體右轉；同時右手下落變拳，隨轉身收至右腰側，拳心向
上，左手上舉劃弧落於右胸前，掌心向下，指尖向後；然後
上體左轉，左腳向前邁一步，成左弓步；左手則從左膝前摟
過，停於左胯旁；右拳向前打出，高與腹平，拳眼向上；眼
看前方（圖 354、355）。

要點：完成姿勢上體保持正直，鬆腰、鬆胯，右臂不要
伸直。

（七八）**上步攬雀尾** 身體重心略向後移，左腳尖外撇
，上體左轉；同時右拳變掌收在腹前，手心向上，左手向左
後方向上劃弧，與右手相抱（左上右下），同時右腳跟步至
左腳內側，腳尖著地（熟練後，可不點地）；眼看左手（圖
356、357）。其餘動作及要點均與前「上步攬雀尾」相同（
圖 358—366）。

354　　　　　355　　　　　356

357　　　　　358　　　　　359

360　　　　　361　　　　　362

363　　　　364　　　　365　　　　366

（七九）單鞭　動作及要點均與前「單鞭」相同（圖
367、368、369、370、371）。

367　　　　368　　　　369　　　　370

（八○）下勢　動作及要點均與前「下勢」相同（圖
372、373）。

（八一）上步七星　左腳尖微向外撇，身體重心逐漸前
移至左腿，身體起立，右腳向前邁出半步，腳尖點地，成右
虛步；同時右手向下、向前劃弧，兩手變拳在胸前相互交叉
成十字拳，右拳在外，拳心向前，左拳拳心向後；眼平看前
方（圖 374）。

371　　　　　　372　　　　　　373

要點：兩拳相交時，腕部相貼，兩臂要圓滿，胸肌放鬆。

（八二）**退步跨虎**　右腳後退一步，同時兩拳變掌向下、向左右分開，右手向上劃弧停於右額前方（掌心斜向外），左手下落停於腰部左前側，掌心斜向外；身體重心落於右腿，左腳腳尖點地，成左虛步；眼看前方（圖 375）。

要點：完成式兩肩要平，胸部要鬆寬，左腿微屈，兩掌向外撐勁。

374　　　　　375　　　　　376　　　　　377

（八三）**轉身擺蓮腳** ①左腳掌為軸，腳跟外轉，右腳跟為軸腳尖外撇，身體向右後轉，左腳隨體轉（略大於180°）向前邁出一步，成左弓步；同時，左手（手心轉向上）經左腰側自右手腕上穿出，高與眼平，指尖斜向上；右手則落於左肘下，手心向下；眼看左手（圖 376、377）。②重心後移，身體繼續向右轉，左腳尖裡扣，重心再移回左腿；然後右腿提起，右腳由左向右上方擺出（腿自然伸直）；與此同時，右手順左臂外側上舉，兩手經頭上方先向右，然後向左側擺過，雙手拍擊右腳面（左先右後）；眼看兩手（圖 378、379、380）。

378　　　379　　　380

要點：左穿掌方向應為西北。擺腳時，右腿上舉，上體微向前迎，但不可緊張。根據技術和身體條件，拍腳時手不觸腳也可以。

（八四）**彎弓射虎** 右腳向右前方落下，兩手經身前向右後方弧形擺動變拳；右拳由後轉至頭部右側，拳心向外，與額角同高；左拳經面前向左前方推出，拳心斜向前，與鼻同高；同時右腿彎屈，成右弓步；眼看左拳（圖 381、382、383）。

381　　　　　382　　　　　383

　　要點：兩手向後擺動時，上體和頭部要隨著轉動。眼先向右看，再看左掌。完成姿勢身體要正直，兩臂要保持半圓形。如面向南起勢，弓步方向為東南，左拳推出方向為東北。

　　（八五）進步搬攔捶　①右腳尖裡扣，身體左轉，重心移向左腿，左腳隨著轉體動作使腳尖外撇，隨即右腳收到左腳內側；與此同時，右拳隨轉體動作向前、向左下方下落，轉到左肋前，拳心向下；左拳變掌（掌心向上），下落回收，在身體左側劃弧，手心由上轉向下，停於胸前（圖 384、385）。②其餘動作和要點都和圖 47、48、49 相同（圖 386

384　　　　　385　　　　　386

、387、388）。

（八六）如封似閉、（八七）十字手

動作和要點都和圖 50—57 相同（圖 389—396）。

（八八）收勢還原

兩手向外翻掌，左右分開，手心向下，慢慢下落於兩腿外側；全身放鬆；眼向前平視；然後左腳向右腳靠攏，立正還原（圖 397—400）。

要點：兩手下落時，氣要徐徐向下沈（即呼氣略延長），待呼吸平穩後再收左腳。還原後應緩慢走動休息，不宜立即做激烈的活動。

387　　　　　　388

389　　　　390　　　　391

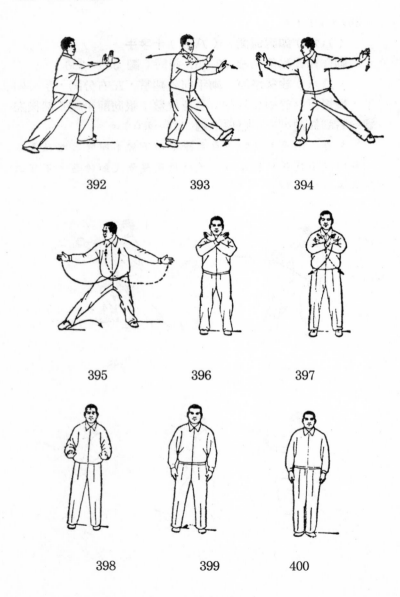

392　　　　　　393　　　　　　394

395　　　　　　396　　　　　　397

398　　　　　　399　　　　　　400

第四節　太極劍（三十二式）

　　太極劍是屬於太極拳系統的一種劍術套路。它具有太極拳的運動特點及健身價值。本書介紹的這趟劍是根據傳統的太極劍套路改編的，全部動作除「起勢」和「收勢」之外，共選定了三十二個主要姿勢動作。整個套路分為四組，每組八個動作，從起勢到收勢往返共兩個來回，練習時間大體需要二至三分鐘。動作中包括抽、帶、撩、刺、擊、掛、點、劈、截、托、掃、攔、抹等主要劍法和各種身法、步法。它可以單人獨練，也可以集體練習。通過這些主要姿勢動作的練習，既可以更好地增強體質，又能增加練習者的鍛鍊興趣，並為練習其它劍術套路打下基礎。

一、幾個基本動作

㈠左手持劍法（圖甲）

　　左手自然舒展開，虎口部位對準劍的護手處，然後拇指由護手上方向下，中指、無名指和小指由護手下面向上，兩者相對握住護手（由於護手的形式不同，拇指也可以從下向上握），食指伸直貼附於劍把之上，劍身平貼於左前臂後側。

　　要點：手要緊握劍，不要使劍刃觸及身體。

圖甲

㈡右手持劍法（圖乙）

　　右手自然舒展開，虎口對向劍的「上刃」（劍面豎直成立劍時，在上的一側劍刃稱為上刃），然後拇指和食指靠近

護手將劍把握緊，其他三指可鬆握，以拇指的根節和小指外沿的掌根部位控制劍的活動。另一種持劍法是，以中指、無名指和拇指握住劍把，食指和小指鬆握。當遇到某些需要增加劍鋒彈力和靈活性的動作時，食指則附貼於護手上，以控制劍活動的準確性。後一種持劍法也稱活把劍。

　　要點：握劍的鬆緊程度，以能將劍刺平、劈平為宜。

圖　乙

(三)劍指（圖丙）

　　在練劍的時候，不持劍的手一般都保持成「劍指」姿勢，即把食指和中指儘量伸直，無名指和小指屈握，然後用拇指壓在無名指和小指指甲上。

圖　丙

二、動作名稱

準備動作
(一)預備式
(二)起勢

第一組

（　一　）併步點劍
（　二　）獨立反刺
（　三　）僕步橫掃
（　四　）向右平帶
（　五　）向左平帶
（　六　）獨立掄劈
（　七　）退步回抽
（　八　）獨立上刺

第二組

（　九　）虛步下截
（　十　）左弓步刺
（十一）轉身斜帶
（十二）縮身斜帶
（十三）提膝捧劍
（十四）跳步平刺
（十五）左虛步撩
（十六）右弓步撩

第三組

（十七）轉身回抽
（十八）併步平刺
（十九）左弓步攔
（二〇）右弓步攔
（二一）左弓步攔
（二二）進步反刺
（二三）反身回劈
（二四）虛步點劍

第四組

（二五）獨立平托
（二六）弓步掛劈
（二七）虛步掄劈
（二八）撤步反擊
（二九）進步平刺
（三〇）丁步回抽
（三一）旋轉平抹
（三二）弓步直刺

收勢

三、太極劍的套路介紹

準備動作

㈠預備式

身體正直，兩腳開立，與肩同寬，腳尖向前；兩臂自然垂於身體兩側，左手持劍，劍尖向上，劍身豎直，眼平視前方（圖 1）。

圖 1　　　　　　　　　　圖 2

　　要點：上體要自然，不要故意挺胸、收腹。劍身在左臂後不要觸及身體。兩肩自然鬆沈。

(二)起　勢

　　①右手握成劍指，兩臂慢慢向前平舉，高與肩平，手心向下；眼看前方（圖 2）。

　　要點：兩臂上起時，不要用力，兩手寬度不超過兩肩。劍身在左臂下要平，劍尖不可下垂。

　　②上體略向右轉，身體重心移於右腿，屈膝下蹲，然後再向左轉體，左腿提起向左側前方邁出，成左弓步；左手持劍隨即經體前向左下方摟出，停於左胯旁，劍立於左臂後，劍尖向上；同時右手劍指下落轉成掌心向上，由右後方屈肘上舉經耳旁隨轉動方向向前指出，高與眼平；眼先向右看，然後向前看右劍指（圖 3、4）。

　　要點：左臂向體前劃弧時，身體要先微向右轉，身體重心在右腿放穩之後再提左腿。轉體、邁步和兩臂動作要協調柔和。

圖 3　　　　　　　　圖 4

③左臂屈肘上提，左手持劍（手心向下）經胸前從右手上穿出，右劍指翻轉。（手心向上）並慢慢下落撒至右後方（手心仍向上），兩臂前後展平，身體右轉；與此同時，右腿提起向前橫落，腳尖外撇，兩腿交叉，膝部彎屈，左腳跟離地，身體稍向下坐，成半坐盤勢；眼向後看右手（圖 5）。

要點：左右手必須在體前交錯分開，右手後撤與身體右轉動作要協調。

圖 5　　　　　　　　圖 6

④右腳和左手持劍的位置不動,左腳前進一步,成左弓步;同時身體向左扭轉,右手劍指隨之經頭部右上方向前落於劍把之上,準備接劍;眼平看前方(圖6)。

　　要點:動作時應先提腿和向左轉頭,然後再舉右臂向前下落。兩臂不要硬直,兩肩要鬆。上體保持自然。

第 一 組

㈠併步點劍

　　左手食指向中指一側靠攏,右手鬆開劍指,虎口對著護手,將劍接換過,並使劍在身體左側劃一立圓,然後劍尖向前下點,劍尖略向下垂,右臂要平直;左手變成劍指,附於右手腕部;同時右腳前進向左腳靠攏併齊,腳尖向前,身體略向下蹲;眼看劍尖(圖7)。

　　要點:劍身向前繞環時,兩臂不可高舉。右手握劍劃圓只用手腕繞環。點劍時,力注劍尖。肩要下沈,上體正直。

㈡獨立反刺

　　①右腳向右後方撤一步,隨即身體右後轉,然後左腳收

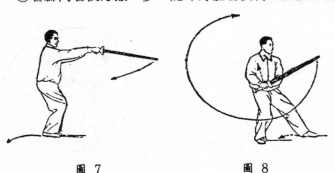

圖 7　　　　　　　　　圖 8

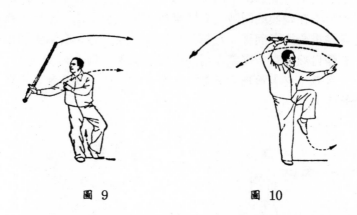

圖 9　　　　　　　　　圖 10

至右腳內側，腳尖點地；同時，右手持劍經體前下方撤至右後方，右腕翻轉，劍尖上挑；左手劍指隨劍回撤，停於右肩旁；眼看劍尖（圖 8、9）。

　②上體左轉，左膝提起，成獨立式，腳尖下垂；同時右手漸漸上舉，使劍經頭部前上方向前刺出（拇指向下，作反手立劍），劍尖略低，力注劍尖；左手劍指則經下頦處隨轉體向前指出，高與眼平；眼看劍指（圖 10）。

　要點：分解動作中間不要間斷。獨立姿勢要穩定，身體不可前俯後仰。

三僕步橫掃

　①上體右後轉，劍隨轉體向右後方劈下，右臂與劍平直，左劍指落於右手腕部；在轉體的同時，右膝前弓，左腿向左橫落撤步，膝部伸直；眼看劍尖（圖 11）。

　②身體向左轉，左手劍指經體前順左肋反插，向後、向

左上方劃弧舉起至左額前上方，手心斜向上；右手持劍翻掌，手心向上，使劍由下向左上方平掃，力在劍刃中部，劍高與胸平；在轉體的同時，右膝彎屈成半僕步；此勢不停，接著身體重心逐漸前移，左腳尖外撇，左腿屈膝，右腳尖裡扣，右腿自然伸直，變成左弓步；眼看劍尖（圖 12）。

　　要點：以上兩個分解動作，要連貫進行。弓步時，身體保持正直。

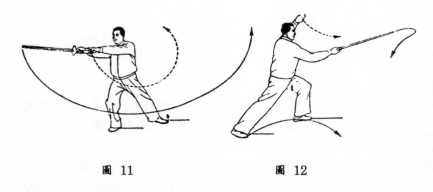

圖 11　　　　　　　　圖 12

四向右平帶

　　右腿提起經左腿內側向右前方跨出一步，成右弓步；同時，右手劍向前引伸，然後翻轉手心向下，將劍向右斜方慢慢回帶，屈肘握劍手帶至右肋前方，力在右劍刃，劍尖略高於手；左手劍指下落附於右手腕部；眼看劍尖（圖 13）。

　　要點：劍的回帶和弓步屈膝動作要一致。

五向左平帶

　　右手劍向前引伸，並慢慢翻掌將劍向左斜方回帶，屈肘握劍手帶至左肋前方，力在左劍刃，左手劍指經體前左肋向

左上方劃弧舉起至左額上方，手心斜向上；與此同時，左腳經右腿內側向左前方邁出一步，成左弓步；眼看劍尖（圖14）。

　　要點：與「向右平帶」的要點相同。

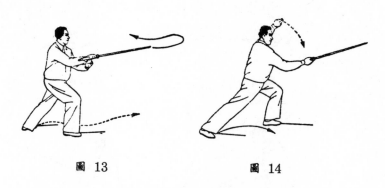

圖 13　　　　　　　　　圖 14

㈥獨立掄劈

　　右腳前進到左腳內側、腳尖著地；左手從頭部左上方落至右腕部；然後身體左轉，右手抽劍由前向下、向後劃弧，經身體左下方旋臂翻腕上舉，向前下方正手立劍劈下，力在劍下刃；左手劍指則由身體左側向下、向後轉至左額上方，掌心斜向上；在掄劈劍的同時，右腳前進一步，左腿屈膝提起，成獨立步；眼看劍尖（圖 15、16、17）。

　　要點：劈劍時，身體和頭部先向左轉，然後隨劍的掄劈方向再轉向前方。提膝和劈劍要協調一致。整個動作過程要連貫不停。

㈦退步回抽

　　左腳向後落下，屈膝，右腳隨之撤回半步，腳尖點地，

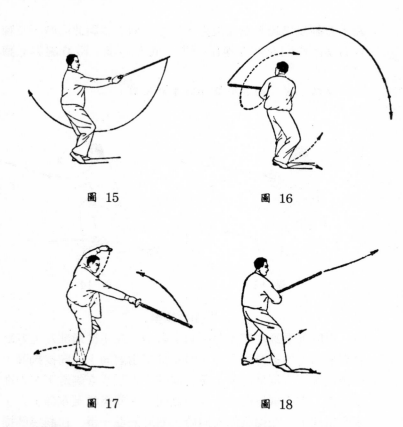

圖 15　　　　　　　　　圖 16

圖 17　　　　　　　　　圖 18

成右虛步；同時，右手劍抽回，劍把靠近左肋旁邊，手心向
裡，劍面與身體平行，劍尖斜向上；左手劍指下落附於劍把
上；眼看劍尖（圖 18 ）。

　　要點：右腳回撤與劍的回抽動作要一致。上體要正直。

㈧獨立上刺

　　身體微向右轉，面向前方，右腳前進一步，左腿屈膝提

起，成獨立步；同時，右手劍向前上方刺出（手心向上），
力注劍尖，劍尖高與眼平；左手仍附在右手腕部；眼看劍尖
（圖 19）。

要點：身體微向前傾，但不要故意挺胸。獨立式要平衡
穩定。

第 二 組

㈨虛步不截

左腳向左後方落步，右腳隨即微向後撤，腳尖點地，成
右虛步；同時，右手劍先隨身體左轉再隨身體右轉經體前向
右、向下按（截），力注劍刃，劍尖略下垂，高與膝平；左
劍指由左後方繞行至左額上方（掌心斜向上）；眼平視右前
方（圖 20）。

要點：右腳變虛步與劍向下截要協調一致。如面向南起
勢，此式虛步方向正東偏北（約 30°），上體右轉，面向
東南。

圖 19   圖 20

（十）左弓步刺

右腳向右後方回撤一步，左腳收至右腿內側後再向左前方邁出，成左弓步，面向左前方；同時，右手劍隨身體轉動經面前向後、向下抽卷，再向左前方刺出，手心向上，力注劍尖；左手劍指向右、向下落，經體前再向左、向上繞行至左額上方，手心斜向上，臂要撐圓；眼看劍尖（圖 21、22）。

圖 21　　　　　　　　　　圖 22

要點：右手回撤時，前臂先外旋再內旋（手心先轉向外，再向下，再轉向上），從右腰部將劍刺出。左劍指繞行時要先落在右手腕部再分開轉向頭上方。弓步方向為東偏北（約 30°）。

（十一）轉身斜帶

①身體重心後移，左腳尖裡扣，上體右轉，隨後身體重心又移至左腳上，右腿提起，貼在左腿內側；同時，右手劍收回橫置胸前，掌心仍向上；左劍指落在右手腕部；眼看左方（圖 23）。

②上式不停，向右後方轉體右腳向右側方邁出，成右弓

步；同時右手劍隨轉體翻腕，掌心向下並向身體右側外帶
（劍尖略高），力在劍刃外側；左劍指仍附於右手腕部；眼
看劍尖（圖 24）。

　　要點：身體重心移動、向右側方邁出做右弓步，須與向
右後轉的動作一致，力求平穩、協調。轉身斜帶弓步方向應
轉為正西偏北（約 30°）。

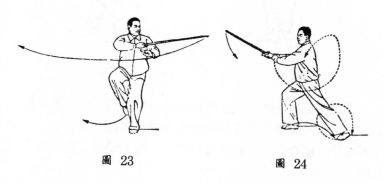

圖 23　　　　　　　　圖 24

（十二）縮身斜帶

　　左腿提起後再向原位置落下，身體重心移於左腿，右腳
撤到左腳內側，腳尖點地；同時，右手翻掌手心向上並使劍
向左側回帶（劍尖略高），力在劍刃外側；左手劍指隨即由
體前向下反插，再向後、向上繞行劃弧重落於右手腕部；眼
看劍尖（圖 25）。

　　要點：劍回帶時，身體也隨著向左扭轉。身體後坐時，
臀部不要凸出。

（十三）提膝捧劍

①右腳後退一步，左腳也微向後撤，腳尖著地；同時兩

手平行分開，手心都向下，劍身斜置於身體右側，劍尖位於
體前，左劍指置於身體左側（圖 26）。

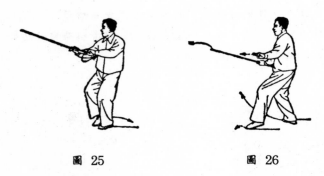

圖 25　　　　　　　　　圖 26

　②左腳略向前進，右膝向前提起成獨立式；同時右手劍
把與左手（劍指變掌）在胸前相合，左手捧托在右手背下，
兩臂微屈，劍在胸前，劍身直向前方，劍尖略高；眼看前方
（圖 27）。

　要點：以上兩個分解動作要連貫不停。獨立步左腿自然
蹬直，右腿提膝，腳尖下垂。上體保持自然。

（十四）跳步平刺

　①右腳向前落下，身體重心前移，然後右腳尖用力蹬地
，左腳隨即前進一步踏實，右腳在左腳將落未落地時，迅速
向左腿內側收攏（腳不落地）；同時，兩手捧劍先微向回收
，緊接隨右腳落地再直向前伸刺，然後隨左腳落地兩手分開
撤回身體兩側，兩手手心都向下，左手再變劍指；眼看前方
（圖 28、29）。

　②右腳再向前上一步，成右弓步；同時，右手劍向前平

圖 27　　　　　　　　　　圖 28

圖 29　　　　　　　　　　圖 30

刺（手心向上），力注劍尖；左手劍指由左後方上舉，繞至
左額上方，手心斜向上；眼看劍尖（圖 30）。

　　要點：兩手先略向回收，再與右腳落地同時向前伸。左
腳落地要與兩手回撤動作一致。刺出後，劍要平穩。

（十五）左虛步撩

　　身體重心後移至左腿上，上體左轉，右腳回收再向前墊
步，腳尖外撇，再向右轉體身體重心前移至右腿，左腳隨即

前進一步，腳尖著地，成左虛步；同時，右手劍隨身體轉動經左上方向後、向下、立劍向前撩出（前臂內旋，手心向外），力在劍刃前部，劍把停於頭前，劍尖略低；左手劍指在上體左轉時即下落附於右腕部，隨右手繞轉；眼看前方（圖31、32）。

　　要點：撩劍的路線必須劃一個整圓。左手劍指須下落到左肋側再與右手相合。

圖 31　　　　　　　　　　圖 32

（十六）右弓步撩

　　身體先向右轉，右手劍由上向後繞環，掌心向外，左劍指隨劍繞行附於右臂內側；隨之左腳向前墊步；右腳繼而前進一步，成右弓步；右手劍隨著上右步由下向前立劍撩出（前臂外旋，手心向外），劍與肩平，劍尖略低，力在劍刃前部；左劍指則由下向上繞行至左額上方，手心斜向上；眼看前方（圖33、34）。

　　要點：劍向後繞環時，身體和眼神隨著向後轉。整個動作要連貫。

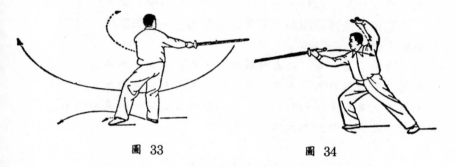

圖 33   圖 34

第 三 組

（十七）轉身回抽

①身體左轉，重心後移，右腳尖裡扣，左腳尖稍外展，右腿蹬直，成側弓步；同時，右手將劍柄收引到胸前，劍身平直，劍尖向右後，左手劍指仍附於右腕上；然後身體再向左轉，隨轉體右手劍向左前方劈下，力在劍刃（劍身要平），左手劍指附於右腕部；眼看劍尖（圖 35、36）。

圖 35   圖 36

②身體重心後移至右腿，右膝稍屈，左腳回撤，腳尖點地，成左虛步；同時，右手劍抽回至身體右側（劍尖略低）；左劍指收回再經胸前、下頦處向前指出，高與眼齊；眼看劍指（圖 37）。

　　要點：第一動，向左轉體時，要先扣右腳，再展左腳；右臂先屈回胸前再向左劈。第二動，左手劍指必須隨右手收到腹前，再向上、向前指出。全部動作要協調。如果面向南起勢，此式方向則為東偏南（約 30°）。

（十八）併步平刺

　　左腳略向左移，右腳靠攏左腳成併步；面向前方，身體直立；同時左劍指向左轉並向右下方劃弧，反轉變掌捧托在右手下，然後雙手捧劍向前平刺，手心向上，力注劍尖，高與胸平；眼看前方（圖 38）。

　　要點：劍刺出後兩臂要微屈，併步和刺劍要一致。身體直立要自然，不要故意挺胸。如果面向南起勢，刺劍的方向正東。

圖 37　　　　　　　　　　圖 38

（十九）左弓步攔

右手劍翻腕後抽，隨身體右轉由前向右轉動，再隨身體左轉經右後方向下、向左前方托起攔出，力在劍刃，劍身與頭平，前臂外旋，手心斜向裡；左劍指則向右、向下、向上繞行，停於左額上方，手心斜向上；在身體左轉時左腳向左前方進一步，左腿屈膝，成左弓步；眼先隨劍向右後看，最後平看前方（圖 39、40 ）。

要點：身體應隨劍先向右轉再向左轉。右腿先微屈，然後邁左腳。左手劍指隨右手繞行，到右上方之後再分開。

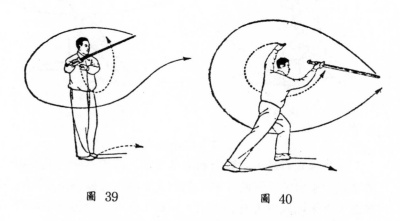

圖 39   圖 40

（二十）右弓步攔

身體重心微向後移，左腳尖外撤，身體先向左轉再向右轉；在轉體的同時，右腳經左腳內側向右前方進一步，成右弓步；右手劍由左後方劃一整圓向右前托起攔出（前臂內旋，手心向外），力在劍刃，劍身與頭平；左劍指附於右手腕部；眼看前方（圖 41 ）。

要點：以上兩動要連貫，劍須走一大圈，視線隨劍移動。

（二一）左弓步攔

身體重心微向後移，左腳尖外撇，其餘動作及要點與前「右弓步攔」相同，只是方向左右相反。右手劍攔出時，右臂外旋，手心斜向內（圖42）。

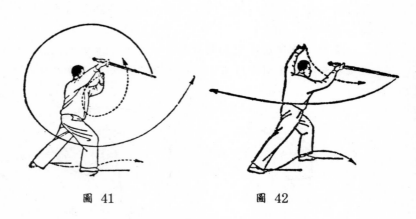

圖41　　　　　　　　　圖42

（二二）進步反刺

①身體向右轉，右腳向前橫落蓋步，腳尖外撇，左腳跟離地成半坐盤勢；同時，右手劍劍尖下落，左劍指下落到右腕部，然後劍向後立劍刺出，左劍指向前方指出，手心向下，兩臂伸平，右手手心向體前；眼看劍尖（圖43）。

②身體左轉，左腳前進一步，成左弓步；同時，右前臂向上彎屈，劍尖向上挑掛，繼而向前刺出（前臂內旋，手心向外，成反立劍），力注劍尖，劍尖略低；左手劍指附於右腕部；眼看劍尖（圖44）。

要點：以上兩動要連貫，弓步刺劍時身體不可太前俯。

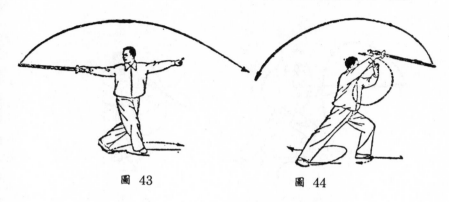

圖 43　　　　　　　　圖 44

（二三）反身回劈

身體重心先移至右腿，左腳尖裡扣，然後再移到左腿上；右腳提起收回（不停），身體右後轉，右腳隨即向前邁出成右弓步，面向中線右前方；同時，右手劍隨轉體由上向右後方劈下，力在劍刃；左手劍指由體前經左下方轉在左額上方，手心斜向上；眼看劍尖（圖 45）。

要點：劈劍、轉體和邁右腳成弓步要協調一致。弓步和劈劍方向為正西偏北（約 30°）。

（二四）虛步點劍

左腳提起，上體左轉，左腳向起勢方向墊步，腳尖外撇，隨即右腳提起落在左腳前，腳尖點地，成右虛步；同時，右手劍隨轉體劃弧上舉向前下方點出，右臂平直，劍尖下垂，力注劍尖；左劍指下落經身體左側向上繞行，在體前與右手相合，附於右腕部；眼看劍尖（圖 46）。

要點：點劍時，腕部用力，使力量達於劍尖。點劍與右腳落地要協調一致。身體保持正直。虛步和點劍方向與起勢方向相同。

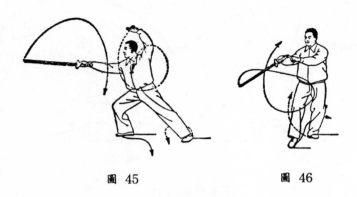

圖 45　　　　　　　　　圖 46

第 四 組

（二五）獨立平托

　　右腳向左腿的左後方倒插步，兩腳以腳掌為軸向右轉體
（仍成面向前方），隨即左膝提起成右獨立步；在轉體的同
時，劍由體前先向左、向下繞環，然後隨向右轉體動作向右
上方托起，劍身略平，稍高於頭，力在劍刃上側；左劍指仍
附於右腕部；眼看前方（圖 47）。

　　要點：撤右腿時，右腳掌先落地，然後再以腳掌為軸向
右轉體。身體不要前俯後仰。提膝和向上托劍動作要一致。
右腿自然伸直。

（二六）弓步掛劈

　　①左腳向前橫落，身體左轉，兩腿交叉成半坐盤式，右
腳跟離地，同時右手劍向身體左後方穿掛，劍尖向後；左劍
指仍附右腕上；眼向後看劍尖（圖 48）。

　　②右手劍由左側翻腕向上再向前劈下，劍身要平，力在

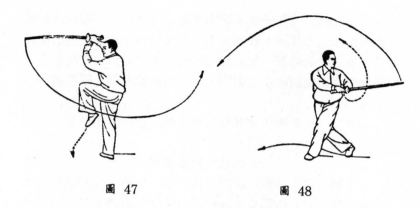

圖 47　　　　　　　　　圖 48

劍刃；左劍指則經左後方上繞至左額上方，手心斜向上；同
時，右腳前進一步，成右弓步；眼向前看劍尖（圖 49）。

　　要點：身體要先向左轉再向右轉。視線隨劍移動。

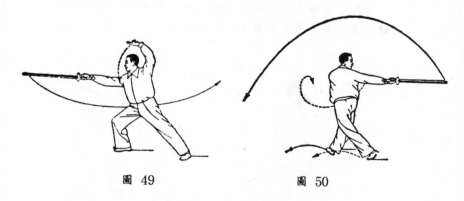

圖 49　　　　　　　　　圖 50

（二七）虛步掄劈

　　①重心略後移，身體右轉，右腳尖外撇，左腳跟離地成
交叉步；同時，右手劍由右側下方向後反手撩平，左劍指落
於右肩前；眼向後看劍尖（圖 50）。

②左腳向前墊一步，腳尖外撇，身體左轉，隨即右腳前進一步，腳尖著地，成右虛步；與此同時，右手劍由右後翻臂上舉再向前劈下，劍尖與膝同高，力在劍刃；左劍指自右肩前下落經體前向左上劃圓再落於右前臂內側；眼看前下方（圖51）。

要點：以上兩個分解動作要連貫；中間不要停頓。

（二八）撤步反擊

上體右轉，右腳提起向右後方撤一大步，左腳跟外轉，左腿蹬直，成右側弓步；同時，右手劍向右後上方斜削擊出，力在劍刃前端，手心斜向上，劍尖斜向上，高與頭平；左劍指向左下方分開平展，劍指略低於肩，手心向下；眼看劍尖（圖52）。

要點：右腳先向後撤，再蹬左腳。兩手分開要與弓腿、轉體動作一致。撤步和擊劍方向為東北。

圖 51　　　　　　圖 52

（二九）進步平刺

①身體微向右後轉，左腳提起貼靠於右腿內側；同時右

手翻掌向下，劍身收回於右肩前，劍尖斜向左前；左劍指向上繞行落在右肩前；眼向前看（圖 53）。

　　②身體向左後轉，左腳墊步，腳尖外撇，繼而右腳前進一步，成右弓步；同時，右手劍隨轉體動作向前方刺出，力貫劍尖，手心向上；左劍指經體前順左肋反插，向後再向左上繞至左額上方，手心斜向上；眼看劍尖（圖 54）。

　　要點：左腿提起時，要靠近右腿後再轉身落步，待左腿穩定後再進右步，上下須協調一致。

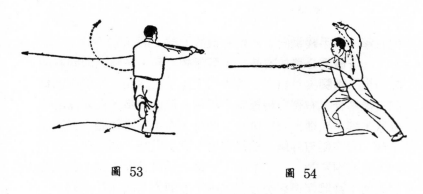

圖 53　　　　　　　　　圖 54

（三十）丁步回抽

　　身體重心後移，右腳撤至左腳內側，腳尖點地，成右丁步；同時，右手劍屈肘回抽（手心向裡），劍把置於左肋部，劍身斜立，劍尖斜向上，劍面與身體平行，左劍指落於劍把之上；眼看劍尖（圖 55）。

　　要點：右腳回收和劍回抽要一致。上體須正直。

（三一）旋轉平抹

　　①右腳提起向前落步外擺（兩腳成八字形）；同時上體

圖 55　　　　　　　　　　圖 56

稍右轉，右手翻掌向下，劍身橫置胸前（圖 56）。

②身體重心移於右腿，上體繼續右轉，左腳隨即向右腳前扣步，兩腳尖斜相對（成內八字形），然後以左腳掌為軸向右後轉身，右腳隨轉體向中線側方後撤一步，左腳隨之稍後收，腳尖點地，成左虛步；同時，右手劍隨轉體由左向右平抹，力在劍刃外側，然後在變左虛步同時，兩手向左右分開，置於兩胯旁，手心都向下，劍身斜置身體右側，劍尖位於體前；身體恢復起勢方向，眼平看前方（圖 57、58）。

要點：移步轉身要平穩自然，不要低頭彎腰，速度要均勻。由「丁步回抽」到「旋轉平抹」完成，轉體約 360°，身體方向歸成起勢方向。

（三二）弓步直刺

左腳向前進半步，成左弓步；同時，右手劍立劍直向前刺出，高與胸平，力注劍尖；左劍指附在右手腕部；眼看前方（圖 59）。

要點：弓步、刺劍要動作一致。

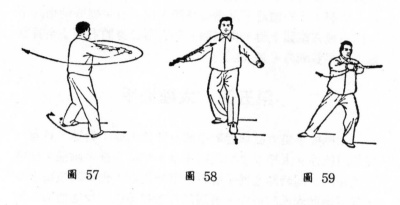

圖 57　　　　　　圖 58　　　　　　圖 59

收　勢

　　①身體重心後移，隨即身體向右轉；同時，右手劍向右後方回抽，手心仍向內；左手也隨即屈肘回收（兩手心內外相對），接握劍的護手；眼看劍身（圖 60）。

　　②身體左轉，身體重心再移到左腿，右腳向前跟進半步

圖 60　　　　　　　　圖 61

，與左腳成開立步（與肩同寬，腳尖向前）；同時，左手接劍（反握），經體前下落垂於身體左側；右手變成劍指向下、向右後方劃弧上舉，再向前、向下落於身體右側；全身放鬆；眼平看前方（圖 61）。

第五節　太極推手

太極推手是太極拳運動中的一種雙人徒手對練，具有一定的對抗性。太極推手分為定步推手和活步推手兩種。經常打太極拳，同時結合推手練習，既能提高太極拳的技術水平，又可借助兩人的協作，發展動作的靈活性和反應能力，增強體質。初學太極拳的人，也可兼練太極推手，使兩者相互促進、相互提高。練習推手要明確鍛鍊目的，反對單純強調勝負而忽視增強體質的作用。

初學太極推手，應由單推手開始。待熟練之後，再練習定步雙推手和活步推手。學習過程，要由易到難，由簡而繁，不要急於求成，貪多求快。練習推手時，動作要求圓活，兩臂切勿僵硬。練者雙方，既不丟開，又不頂撞，做到沾連不脫，彼此相隨。

一、推手的基本動作

1.為了使學習的人易於辨明位置和方向，甲乙二人由開始姿勢起，始終不調換位置（活步推手除外）。

2.推手圖解中，仍採用掤、捋、擠、按等習慣用語，以便參考原有太極拳的理論，進行研究和改進。

3.除了用虛、實線（甲用虛線，乙用實線）表明手腳的路線之外，在基本動作中，有的腰部也加上箭頭，表示腰的

轉動方向。

4.活步推手法，初學時應先固定練習一面，熟練之後，再換手換步。經過一段時期的練習，就能彼此沾連不脫，身靈步活，進退自如，不拘形式的隨意變化了。

㈠**預備姿勢**　兩人相對站立，成立正姿勢，身體各部力求自然、舒適。兩人距離以雙方握拳、兩臂前平舉、拳面相接觸為標準（圖 1）。

開始姿勢：兩人各作半面左轉，雙方右腳各向前邁一步，兩腳內側相對，兩人右腳之間相距 10—20 公分。然後雙方右掌各向前舉，臂稍屈，手背相對，手腕交叉（通稱「搭手」）；雙方左手均自然下垂，重心均落於兩腿之間（圖 2）。

要點：雙方右手腕部接觸後，應各含「掤勁」，既不可過於用力相抵觸，也不可軟而無力。

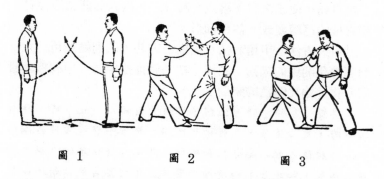

圖 1　　　　　圖 2　　　　　圖 3

㈡**單推手練習法**　①甲翻轉右掌用掌心向前平推乙之手腕部，同時右腿前弓，重心略向前移，其目的是以右掌按向乙之右胸部（圖 3）。乙承甲之按勁，用掤勁（不鬆軟，也不僵硬）將右掌向後回收，同時左腿微屈，重心向後移，上

體隨之向右轉動，並以右掌引甲之右手，使其不能觸及胸部而落空（圖 4）。

　　②乙用右掌引甲之右掌使之落空，隨即翻掌用右掌向前平推甲之手腕部，其目的是要按甲之右胸部（圖 5）。甲同

圖 4　　　　　　　　　　圖 5

樣用右手承乙的推勁，順勢收回右臂，屈左腿，重心後移，上體右轉，使乙之右掌落空（圖 6）。兩人如此循環練習，雙方推的路線要成一個平圓形。

　　用勁方法：甲用「按」勁推乙方時，乙則轉腰用「化」勁順勢化開甲的來勁；乙用「按」勁推按甲時，甲同樣轉腰用「化」勁化開乙的來勁。

　　要點：「按」時，上體不可過於前傾；「化」時，應轉腰縮胯，重心後移，上體切勿後仰。雙方手臂經常保持掤勁，屈伸相隨，既不要鬆軟和斷勁，又不可僵硬頂勁；雙方手腕的聯繫，如膠著，如滑軸；雙方左手均要自然活動，以配合腰腿用勁。

　　③雙方由開始姿勢起（如單推手圖 2），甲翻轉右掌用掌心向前、向上推按乙之手腕部，意在推按乙的面部，同時右腿前弓，重心略向前移；乙則隨著用掤勁，以右手承甲之

圖 6　　　　　　　　　　　圖 7

來勁，順勢引臂上舉，同時左腿微屈，重心略向後移，上體
隨之右轉，將甲的右掌引向頭部右側，使之落空（圖7）。

　　④乙順勢將右掌慢慢翻轉，向下、向前推按，意在按甲
之右肋部；甲同樣用右手搠勁承乙之來勁，右臂順勢回收，
同時屈左腿，上體隨之右轉，重心後移，將乙之右手引向體
之右側，使之落空（圖8、9）。

圖 8　　　　　　　　　　　圖 9

　　⑤當甲用右手向乙面部推來時，乙身體稍向右轉，同時
用右手搠勁，將甲的右手引向頭之右側，使之落空，隨即順
勢向甲之面部前推。甲隨之向右轉身引乙的右臂，使之落空

圖 10　　　　　　　　　　圖 11

，然後再翻掌向前、向下推按乙的右
肋部（圖 10、11、12）。

　　這些動作，練習者可以彼此反覆
循環練習，雙方推手的路線成立圓，
左右手和左右腿也可輪流交換練習。

　　㈢**雙手平圓練習法**　預備姿勢：
雙方右手「搭手」後，各以左掌撫於
對方右肘（圖 13）。

圖 12

　　動作：①甲右手翻轉，掌心按在
乙右手腕上，並向前、向下推按；同時左手在乙右肘部向同
一方向推按，其目的是迫使乙方右臂貼於他自己的胸前不得
活動，通稱「按」勁（圖 14、15）。

　　乙右臂則用掤勁接承甲按勁，左手在甲右肘部順勢漸向
後引，左腿微屈，重心後移，上體微微含胸，同時身體右轉
，並用右臂將甲方來勁向右引，使甲之按勁落空，通稱「化」
勁（圖 16）。

　　②承上勢。乙隨即翻轉右掌，掌心按在甲右手腕上，同
時兩掌微向前、向下按，其目的和動作，與甲用按時相同。

（圖 17、18）

圖 13　　　　　　圖 14　　　　　　圖 15

圖 16　　　　　　圖 17　　　　　　圖 18

　　甲化乙來勢的動作，與乙化甲的動作相同（參看圖 13
和圖 18）。此式可以反覆循環練習。

二、定步推手法

　　預備姿勢與本節圖 2 相同。

　　動作：①掤勁（開始姿勢）：雙方各用右臂作單搭手式
各含掤勁（圖 19）。

　　②捋勁：甲右手承乙右手之掤勁。將右臂後引，右手翻

轉以手掌貼於乙之右手腕處；同時左手撫於乙之右肘，順乙之來勢，屈左腿，收胯，轉腰（向右），兩手引乙之右臂，成為向右的将式動作（圖 20）。

③擠勁：乙順甲之将勢，右腿微屈，重心略向前移，同時左手手掌附於右臂內側，以右前臂平擠甲之胸部，其目的是使甲的将勁不發生作用，而改變方向，同時使其兩手被迫於胸前失去作用（圖 21）。

圖 19　　　　　　圖 20　　　　　　圖 21

④按勁：甲順乙之來勢，屈左腿，含胸，向左轉腰、收胯，同時兩手按乙之右臂，向下、向左，化開乙之擠勁，使乙方的擠勁落空。甲右手隨即移至乙左肘部，左手移至乙左腕部，兩掌向下、向前推按，通稱「按」勁（圖 22）。

⑤乙仍用左臂的掤勁承接甲之按勢，用左手手背，接承甲之左手，右手由下面向右繞出，撫於甲之左肘部。同時重心後移，左腿彎屈，身體略向左轉，左臂掤住對方按勢（不可直向後縮），兩手引甲之左臂略向左上方回将，變成将式（圖 23）。

⑥甲順乙之将勢，為保持身體平衡，穩定重心，右手離開乙之左肘，立即附於自己左肘內側，兩臂掤圓，向乙胸部

圖 22　　　　　　　　圖 23

圖 24　　　　　　　　圖 25

圖 26　　　　　　　　圖 27

擠去，即成擠式（圖 24、25）。

　　⑦乙順甲之擠勢，含胸、轉腰、收胯變按式動作（圖 26、27）。

　　⑧在乙向前按的同時，甲用右臂掤住對方之按勢，左手

由下面繞出，再撫於乙之右肘部，身體向右轉動。此時甲變為捋，乙變為擠（圖 28）。

⑨定步推手換手法：在乙用右臂向胸前擠來時（參看定步推手圖 21），甲不用向前按的動作，而順勢用左手領乙之左手，同時右手捋乙之左肘部，身體略左轉，改為捋乙之左臂的動作（圖 29）。

圖 28　　　　　　　　圖 29

當乙的左臂被甲回捋時，乙應順勢改變為用左臂接著做擠的動作，右腿仍前弓（圖 30）。當甲化開乙擠勢變為按時，乙左臂再由左下方繞出，撫於甲右肘部，身體後坐，捋甲方右臂；甲隨即變為按式（圖 31）。

圖 30　　　　　　　　圖 31

定步推手的規律是：甲挒乙擠，乙擠甲按，甲按乙掤，再變為挒，乙挒甲再變擠，甲挒乙變為按，乙按甲掤再變為挒。這樣彼此反覆來做。

三、活步推手法

㈠活步推手1（進三退二）

預備姿勢：開始姿勢與定步之開始姿勢基本相同，惟雙方搭手時，甲以左腳在前，乙以右腳在前（乙右腳在外，甲左腳在內），成順步姿勢。雙方搭左手，成交叉；右手均撫於雙方之左肘尖，甲用左臂作擠式，乙作按式（圖32）。

動作：①乙右腳前進一步，落於甲左腳內側，同時兩手按甲之右臂（圖33）。

圖 32　　　　　　　　圖 33

②甲左腳退後一步，右手從左肘上接乙之右手，同時左手自左下方繞出撫於乙之右肘處，準備變挒式；乙順甲之挒式左腳再進一步（第二步），落在甲的右腳外側，準備變擠式（圖 34）。

③甲右腳再退一步（第二步），同時兩手引乙的右臂向右，轉身成挒式。乙隨甲的挒式動作，右腳再進一步（第三

圖 34

步），落於甲左腳內側，右腿前弓，兩臂仍成擠勢。甲右腿稍屈，重心後移，收胯成按式（圖35、36）。

④甲趁乙向前擠動作，微向左轉腰，同時左腳提起落在乙右腳內側（甲前進第一步），雙手前按（圖 37）。

圖 35　　　圖 36　　　圖 37

⑤乙隨即退回右腳，同時右手由下面繞出，撫在甲的左肘部向回捋；甲被乙捋時，右腳順勢再進一步，落於乙的左腳外側（甲前進第二步）（圖 38）。

⑥乙捋甲方左臂，同時退回左腳，甲順勢再進左腳落於乙的右腳內側，甲又變為擠的動作，乙又變為按的動作（還原成活步推手圖 32）（圖 39）。

此法，前進三步，後退兩步，亦稱「五步二人搶」。前進者由按變擠，後退者由掤變捋，雙方進退變化中須各含掤勁，並作到沾連不脫，循環不窮。

圖 38　　　　　　　　圖 39

㈡活步推手2（進三退三）

預備姿勢及開始姿勢與定步推手完全相同。

練習方法：與前述「進三退二」的練習方法基本相同，即：前進者由按變擠，後退者由掤變捋；其不同之處是：這種方法前進和後退均為三步，而且開始時雙方都是右腳在前。

進退步法：搭手後，前進者前面的腳先進第一步，後退者後面的腳先退第一步，這才可以造成進三退三的步法。

動作：①雙方均右腳在前，甲先用左臂向乙胸前擠去，右手附在左臂肘部內側幫助擠的動作，右腿前弓；乙縮胯、含胸做按式動作，同時右腳略提起向前落，甲順勢左腳提起向後退一步（均為第一步）。然後，乙再進左腳，甲再退右腳（第二步），兩臂的動作與「進三退二」練習法完全相同。接著，乙再進右腳，甲再退左腳（均為第三步）。總之，整個過程是：甲由擠的姿勢，經過掤、捋變為按式；乙兩臂由按的動作變為擠的動作（圖 40、41、42、43、44）。

②甲進乙退與乙進甲退的動作相同，惟甲改為先進右腳，乙改為先退左腳（圖 45、46、47、48）。

圖 40　　　　　圖 41　　　　　圖 42

圖 43　　　　　圖 44

圖 45　　　　圖 46　　　　圖 47

闫活步推手3（大捋）

預備姿勢與單推手的預備姿勢相同。

開始姿勢：雙方均以右臂作搭手的姿勢（圖 49）。

動作：①甲翻轉右手虛握乙之右手腕，左手腕部撫在乙的右肘上。同時左腳掌為軸腳跟外轉，右腳隨之收回半步，靠左腳的內側，身體也隨即半面向右轉，開始作捋式。乙趁甲收回右腳開始作捋式時，左腳立即跟進半步，靠攏右腳，同時重心稍向前（圖 50）。

圖 48　　　　　圖 49　　　　　圖 50

另外一個方法是：在甲捋時，乙先把右腳進半步。

②甲順勢將身體向右後轉，右腳也隨同向右後方退一步，同時兩手隨同身體的轉動繼續用捋，使乙受此牽動兩腳不能自主。乙受此牽動，左腳順勢再前進一大步，開始作靠式動作，惟此時乙受甲的捋勁所迫，重心尚未穩定（圖 51）。

③乙順甲的捋勁，右腳再進一步，落在甲左腳內側（甲之襠內），重心略向前落於右腿上，同時左手附於右臂內側，用肩勁靠向甲之胸前（圖 52）。

④甲順乙之靠勢，先用左前臂（肘勁）外旋截住來勁，身體隨之略右轉，以化開乙的靠勁，然後再含胸、轉腰（向

圖 51　　　　　　　　圖 52

左），重心移向右腿，同時兩手由挒變按（左手按乙的左手，向下採勁，右手按乙的左肘部），左腳提起搶進一步，落於乙右腳的內側（圖 53）。

　　⑤乙順甲的按勢，以左手手背承接甲的左手，右臂自左手下抽出撫於甲之左肘；同時右腳收回半步，落在左腳內側，身體稍向左轉，由靠式變挒式。而甲左腳仍在前，左腿順勢微向前弓，重心微向前移（圖 54）。

圖 53　　　　　　　　圖 54

　　⑥乙順勢將身體向左轉，同時左腳向左後方退一步，兩手繼續作挒式（左手虛握甲的左手腕，右手腕部撫於甲的左

肘上）。甲順乙的捋式，右腳前進一大步，重心稍向前移並落於右腿（圖 55）。

⑦甲左腳順勢再進一步，落在乙右腳內側（乙的襠內），重心略向前落於左腿上，同時右手附於左臂內側，用肩勁靠向乙之胸前（圖 56）。

圖 55　　　　　　　　圖 56

以上動作，甲、乙各進退一次，稱為一循環。依此動作與方法，乙又搶進右腳變按，甲再退步變捋，反覆循環，以至無窮（圖 57、58）。

圖 57　　　　　　　　圖 58

　　大捋的換手法（捌掌，意即轉移被攻或被動局面）：甲被乙靠近身體時，一方面用左前臂（肘勁）旋轉，化開乙的靠勁，另一方面應迅速地以右掌順勢直撲乙的面部（是謂捌掌，也稱撲面掌或閃掌）。此時，乙的右臂應順勢由面前上舉，接承甲之右手並輕握其手腕部，左手腕部撫於甲之右肘，同時身體向右轉，右腳收回落於左腳之內側，兩手隨同身體轉動之勢開始做捋式。甲方受乙之捋式，右腳前進一步，重心略向前，落在乙兩腳的前面（圖 59、60、61）。

圖 59　　　　　　圖 60　　　　　　圖 61

　　⑧乙身體順勢向右轉，右腿順勢向右後方再退一步，兩手繼續作捋式。甲被乙的捋式所引，左腳前進一大步，重心稍向前移，右腳順勢再進一步落於乙左腳的內側（乙之襠內），同時左手附於右臂內側，兩臂作擠式，靠向乙的胸前（圖 62）。

圖 62

　　此法與前述大捋的進退步法基本相同，惟前者捋式動作，甲捋乙的右臂，

乙則捋甲的左臂，其間轉換方法，係以搶進一步由捋變肘再變按，化對方之靠勁。後者（右式）捋式動作均為對方之右臂，其轉換方式，均以右手撲面掌為關鍵。

如果在乙被甲靠時，乙用左手撲甲之面部（即捌掌），甲則用左手接乙的左臂向左轉身變捋式。乙順勢進步，用左臂向甲胸部靠去，而後彼此都可以用左手撲面，則雙方被捋者都是左臂（圖 63、64、65、66）。

圖 63　　　　　　　圖 64

圖 65　　　　　　　圖 66

簡化太極拳（二十四式）的動作路線示意圖

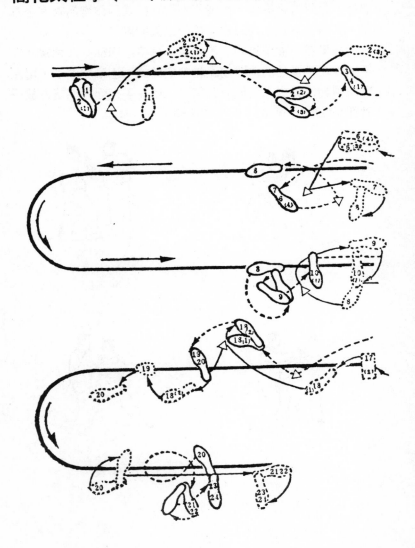

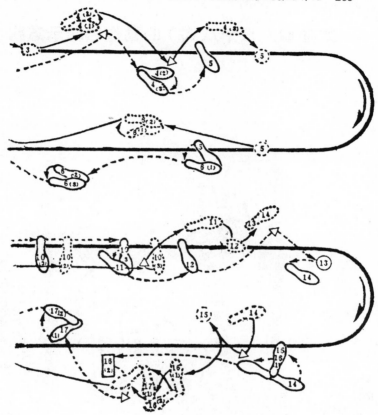

虛線腳為左腳，實線腳為右腳；腳印中不帶括號的號碼表示動作的順序，括號中的號碼表示同一動作的左右式或同一動作的重複；空白的腳印表示過渡動作。

表示前腳掌著地。

表示腳跟著地。

表示獨立式的提膝懸空動作。

表示過渡動作中腳尖的著地位置。

表示左（右）蹬腳的懸空動作。

太極拳（八十八式）的動作路線示意圖

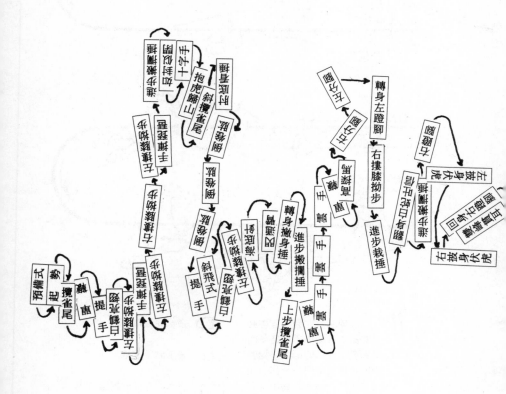

　　假設向南起勢，練習時除按照動作說明以面對方向為前，背向方向為後，左手方向為左，右手方向為右外，在斜度較大的動作，說明中也加了東、西、南、北字樣，並可參閱此圖進行對照。

圖例說明

1. 整套拳基本上在一條直線上往返運動，因無法疊寫，故將圖面展開。
2. 幾個動作在原地活動的，「動作名稱」緊挨著排列。
3. 「動作名稱」的字的下端，表示練習者的面向方向，字的上端為背向方向。
4. 全趟八十八個姿勢，為看圖方便，把「倒卷肱」、「雲手」、「野馬分鬃」等，單式分節列開。為了使「收勢」回到「起勢」位置上，「雲手」做三個、五個都可以，練者可以自己調節。一般練習者是第一個、第二個雲手做五個，第三個雲手做三個，這樣「收勢」容易回到「起勢」原地。
5. 動作路線示意是以假設面向南方起勢，練習時除按照動作說明以面對方向為前，背向方向為後，左手方向為左，右手方向為右外，對一些完成姿勢面向斜方向的，也說明了面向的方向，如東南（45°），西偏北（45°）等。

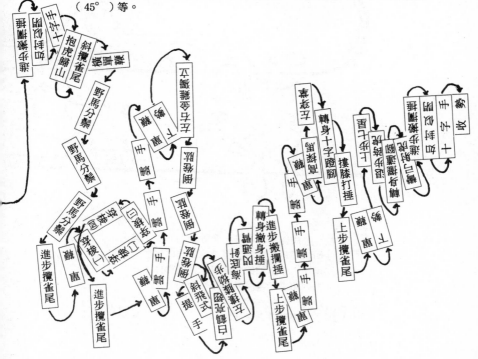

太極劍的動作路線示意圖

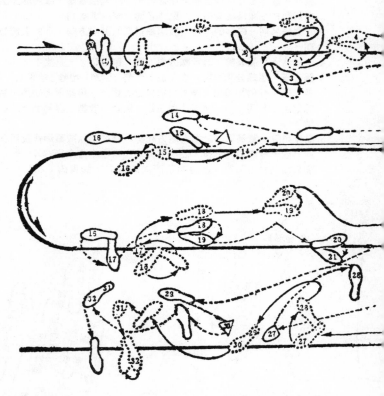

　　虛線腳為左腳，實線腳為右腳；腳印中不帶括號的號碼表示動作的順序；腳印中帶括號的號碼表示預備動作；空白腳印表示過渡動作和「收勢」。

　　表示前腳掌著地。

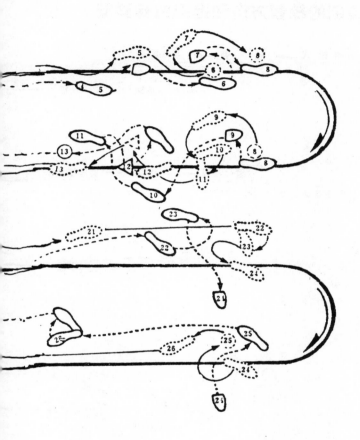

表示左右腿提膝懸空動作。

三角形中有號碼的表示正式動作，無號
碼的表示過渡動作。

右腳路線

左腳路線

太極劍的練習方向和進退路線詳圖

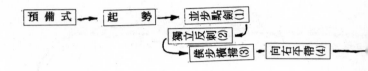

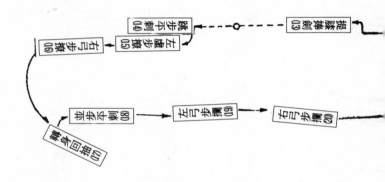

　　上面的練習方向和進退路線詳圖，是假設面向南起勢的。參考練習時，除按照動作說明以面對方向為前，背向方向為後，左手方向為左，右手方向為右外，在完成姿勢斜度較大的動作，說明中也加了東、西、南、北字樣，並可參閱此圖進行對照。

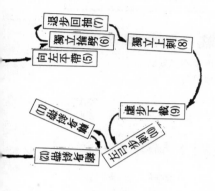

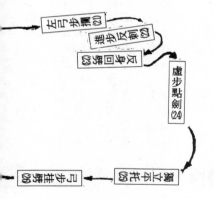

圖例說明

1.圖上文字的正反表示：字的上端為練習者背向方向，下端表示面向方向。

2.圖上長方格略有錯開的，如圖 ⌐⌐ 是表示在原地活動，略有進退。「…○‧→」表示跳步動作。

3.單人練習時，一般在寬 4 公尺、長 6 公尺的場地上即可進行。

大展出版社有限公司 　圖書目錄

地址：台北市北投區11204　　電話：(02) 8236031
　　　致遠一路二段12巷1號　　　　　　 8236033
郵撥： 0166955～1　　　　　　傳眞：(02) 8272069

• 法律專欄連載 • 電腦編號 58

台大法學院　法律學系／策劃
　　　　　　法律服務社／編著

①別讓您的權利睡著了[1]		200元
②別讓您的權利睡著了[2]		200元

• 秘傳占卜系列 • 電腦編號 14

①手相術	淺野八郎著	150元
②人相術	淺野八郎著	150元
③西洋占星術	淺野八郎著	150元
④中國神奇占卜	淺野八郎著	150元
⑤夢判斷	淺野八郎著	150元
⑥前世、來世占卜	淺野八郎著	150元
⑦法國式血型學	淺野八郎著	150元
⑧靈感、符咒學	淺野八郎著	150元
⑨紙牌占卜學	淺野八郎著	150元
⑩ＥＳＰ超能力占卜	淺野八郎著	150元
⑪猶太數的秘術	淺野八郎著	150元
⑫新心理測驗	淺野八郎著	160元

• 趣味心理講座 • 電腦編號 15

①性格測驗1	探索男與女	淺野八郎著	140元
②性格測驗2	透視人心奧秘	淺野八郎著	140元
③性格測驗3	發現陌生的自己	淺野八郎著	140元
④性格測驗4	發現你的真面目	淺野八郎著	140元
⑤性格測驗5	讓你們吃驚	淺野八郎著	140元
⑥性格測驗6	洞穿心理盲點	淺野八郎著	140元
⑦性格測驗7	探索對方心理	淺野八郎著	140元
⑧性格測驗8	由吃認識自己	淺野八郎著	140元
⑨性格測驗9	戀愛知多少	淺野八郎著	140元

⑩性格測驗10　由裝扮瞭解人心　　淺野八郎著　140元
⑪性格測驗11　敲開內心玄機　　　淺野八郎著　140元
⑫性格測驗12　透視你的未來　　　淺野八郎著　140元
⑬血型與你的一生　　　　　　　　淺野八郎著　140元
⑭趣味推理遊戲　　　　　　　　　淺野八郎著　160元
⑮行為語言解析　　　　　　　　　淺野八郎著　160元

・婦 幼 天 地・電腦編號 16

①八萬人減肥成果　　　　　　　　黃靜香譯　150元
②三分鐘減肥體操　　　　　　　　楊鴻儒譯　150元
③窈窕淑女美髮秘訣　　　　　　　柯素娥譯　130元
④使妳更迷人　　　　　　　　　　成　玉譯　130元
⑤女性的更年期　　　　　　　　官舒妍編譯　160元
⑥胎內育兒法　　　　　　　　　李玉瓊編譯　150元
⑦早產兒袋鼠式護理　　　　　　　唐岱蘭譯　200元
⑧初次懷孕與生產　　　　　婦幼天地編譯組　180元
⑨初次育兒12個月　　　　　婦幼天地編譯組　180元
⑩斷乳食與幼兒食　　　　　婦幼天地編譯組　180元
⑪培養幼兒能力與性向　　　婦幼天地編譯組　180元
⑫培養幼兒創造力的玩具與遊戲　婦幼天地編譯組　180元
⑬幼兒的症狀與疾病　　　　婦幼天地編譯組　180元
⑭腿部苗條健美法　　　　　婦幼天地編譯組　150元
⑮女性腰痛別忽視　　　　　婦幼天地編譯組　150元
⑯舒展身心體操術　　　　　　　李玉瓊編譯　130元
⑰三分鐘臉部體操　　　　　　　　趙薇妮著　160元
⑱生動的笑容表情術　　　　　　　趙薇妮著　160元
⑲心曠神怡減肥法　　　　　　　川津祐介著　130元
⑳內衣使妳更美麗　　　　　　　　陳玄茹譯　130元
㉑瑜伽美姿美容　　　　　　　　黃靜香編著　150元
㉒高雅女性裝扮學　　　　　　　　陳珮玲譯　180元
㉓蠶糞肌膚美顏法　　　　　　　坂梨秀子著　160元
㉔認識妳的身體　　　　　　　　　李玉瓊譯　160元
㉕產後恢復苗條體態　　　居理安・芙萊喬著　200元
㉖正確護髮美容法　　　　　　山崎伊久江著　180元
㉗安琪拉美姿養生學　　　安琪拉蘭斯博瑞著　180元

・青 春 天 地・電腦編號 17

①A血型與星座　　　　　　　　　柯素娥編譯　120元
②B血型與星座　　　　　　　　　柯素娥編譯　120元

・健 康 天 地・電腦編號 18

⑥胃部強健法	陳炳崑譯	120元
⑦癌症早期檢查法	廖松濤譯	160元
⑧老人痴呆症防止法	柯素娥編譯	130元
⑨松葉汁健康飲料	陳麗芬編譯	130元
⑩揉肚臍健康法	永井秋夫著	150元
⑪過勞死、猝死的預防	卓秀貞編譯	130元
⑫高血壓治療與飲食	藤山順豐著	150元
⑬老人看護指南	柯素娥編譯	150元
⑭美容外科淺談	楊啟宏著	150元
⑮美容外科新境界	楊啟宏著	150元
⑯鹽是天然的醫生	西英司郎著	140元
⑰年輕十歲不是夢	梁瑞麟譯	200元
⑱茶料理治百病	桑野和民著	180元
⑲綠茶治病寶典	桑野和民著	150元
⑳杜仲茶養顏減肥法	西田博著	150元
㉑蜂膠驚人療效	瀨長良三郎著	150元
㉒蜂膠治百病	瀨長良三郎著	150元
㉓醫藥與生活	鄭炳全著	180元
㉔鈣長生寶典	落合敏著	180元
㉕大蒜長生寶典	木下繁太郎著	160元
㉖居家自我健康檢查	石川恭三著	160元
㉗永恒的健康人生	李秀鈴譯	200元
㉘大豆卵磷脂長生寶典	劉雪卿譯	150元
㉙芳香療法	梁艾琳譯	160元
㉚醋長生寶典	柯素娥譯	180元
㉛從星座透視健康	席拉・吉蒂斯著	180元
㉜愉悅自在保健學	野本二士夫著	160元
㉝裸睡健康法	丸山淳士等著	160元
㉞糖尿病預防與治療	藤田順豐著	180元
㉟維他命長生寶典	菅原明子著	180元
㊱維他命C新效果	鐘文訓編	150元
㊲手、腳病理按摩	堤芳郎著	160元
㊳AIDS瞭解與預防	彼得塔歐爾著	180元
㊴甲殼質殼聚糖健康法	沈永嘉譯	160元

・實用女性學講座・ 電腦編號 19

①解讀女性內心世界	島田一男著	150元
②塑造成熟的女性	島田一男著	150元
③女性整體裝扮學	黃靜香編著	180元
④女性應對禮儀	黃靜香編著	180元

①讀書集中術	多湖輝著	150元
②應考的訣竅	多湖輝著	150元
③輕鬆讀書贏得聯考	多湖輝著	15C元
④讀書記憶秘訣	多湖輝著	150元
⑤視力恢復！超速讀術	江錦雲譯	180元

・實用心理學講座・電腦編號 21

①拆穿欺騙伎倆	多湖輝著	140元
②創造好構想	多湖輝著	140元
③面對面心理術	多湖輝著	160元
④偽裝心理術	多湖輝著	140元
⑤透視人性弱點	多湖輝著	140元
⑥自我表現術	多湖輝著	150元
⑦不可思議的人性心理	多湖輝著	150元
⑧催眠術入門	多湖輝著	150元
⑨責罵部屬的藝術	多湖輝著	150元
⑩精神力	多湖輝著	150元
⑪厚黑說服術	多湖輝著	150元
⑫集中力	多湖輝著	150元
⑬構想力	多湖輝著	150元
⑭深層心理術	多湖輝著	160元
⑮深層語言術	多湖輝著	160元
⑯深層說服術	多湖輝著	180元
⑰掌握潛在心理	多湖輝著	160元

・超現實心理講座・電腦編號 22

①超意識覺醒法	詹蔚芬編譯	130元
②護摩秘法與人生	劉名揚編譯	130元
③秘法！超級仙術入門	陸　明譯	150元
④給地球人的訊息	柯素娥編著	150元
⑤密教的神通力	劉名揚編著	130元
⑥神秘奇妙的世界	平川陽一著	180元
⑦地球文明的超革命	吳秋嬌譯	200元
⑧力量石的秘密	吳秋嬌譯	180元
⑨超能力的靈異世界	馬小莉譯	200元

・養 生 保 健・電腦編號 23

① 醫療養生氣功　　　　　　黃孝寬著　250元
② 中國氣功圖譜　　　　　　余功保著　230元
③ 少林醫療氣功精粹　　　　井玉蘭著　250元
④ 龍形實用氣功　　　　　吳大才等著　220元
⑤ 魚戲增視強身氣功　　　　宮　嬰著　220元
⑥ 嚴新氣功　　　　　　　前新培金著　250元
⑦ 道家玄牝氣功　　　　　　張　章著　200元
⑧ 仙家秘傳祛病功　　　　　李遠國著　160元
⑨ 少林十大健身功　　　　　秦慶豐著　180元
⑩ 中國自控氣功　　　　　　張明武著　250元
⑪ 醫療防癌氣功　　　　　　黃孝寬著　250元
⑫ 醫療強身氣功　　　　　　黃孝寬著　250元
⑬ 醫療點穴氣功　　　　　　黃孝寬著　220元
⑭ 中國八卦如意功　　　　　趙維漢著

・社 會 人 智 囊・電腦編號 24

① 糾紛談判術　　　　　　清水增三著　160元
② 創造關鍵術　　　　　　淺野八郎著　150元
③ 觀人術　　　　　　　　淺野八郎著　180元
④ 應急詭辯術　　　　　　廖英迪編著　160元
⑤ 天才家學習術　　　　　木原武一著　160元
⑥ 貓型狗式鑑人術　　　　淺野八郎著　180元
⑦ 逆轉運掌握術　　　　　淺野八郎著　180元
⑧ 人際圓融術　　　　　　澀谷昌三著　160元

・精 選 系 列・電腦編號 25

① 毛澤東與鄧小平　　　　渡邊利夫等著　280元
② 中國大崩裂　　　　　　江戶介雄著　180元
③ 台灣・亞洲奇蹟　　　　上村幸治著　220元
④ 7-ELEVEN高盈收策略　　國友隆一著　180元

・運 動 遊 戲・電腦編號 26

① 雙人運動　　　　　　　李玉瓊譯　160元
② 愉快的跳繩運動　　　　廖玉山譯　180元
③ 運動會項目精選　　　　王佑京譯　150元

④肋木運動	廖玉山譯	150元
⑤測力運動	王佑宗譯	150元

・心 靈 雅 集・電腦編號 00

①禪言佛語看人生	松濤弘道著	180元
②禪密敎的奧秘	葉逯謙譯	120元
③觀音大法力	田口日勝著	120元
④觀音法力的大功德	田口日勝著	120元
⑤達摩禪106智慧	劉華亭編譯	150元
⑥有趣的佛敎研究	葉逯謙編譯	120元
⑦夢的開運法	蕭京凌譯	130元
⑧禪學智慧	柯素娥編譯	130元
⑨女性佛敎入門	許俐萍譯	110元
⑩佛像小百科	心靈雅集編譯組	130元
⑪佛敎小百科趣談	心靈雅集編譯組	120元
⑫佛敎小百科漫談	心靈雅集編譯組	150元
⑬佛敎知識小百科	心靈雅集編譯組	150元
⑭佛學名言智慧	松濤弘道著	220元
⑮釋迦名言智慧	松濤弘道著	220元
⑯活人禪	平田精耕著	120元
⑰坐禪入門	柯素娥編譯	120元
⑱現代禪悟	柯素娥編譯	130元
⑲道元禪師語錄	心靈雅集編譯組	130元
⑳佛學經典指南	心靈雅集編譯組	130元
㉑何謂「生」 阿含經	心靈雅集編譯組	150元
㉒一切皆空 般若心經	心靈雅集編譯組	150元
㉓超越迷惘 法句經	心靈雅集編譯組	130元
㉔開拓宇宙觀 華嚴經	心靈雅集編譯組	130元
㉕真實之道 法華經	心靈雅集編譯組	130元
㉖自由自在 涅槃經	心靈雅集編譯組	130元
㉗沈默的敎示 維摩經	心靈雅集編譯組	150元
㉘開通心眼 佛語佛戒	心靈雅集編譯組	130元
㉙揭秘寶庫 密敎經典	心靈雅集編譯組	130元
㉚坐禪與養生	廖松濤譯	110元
㉛釋尊十戒	柯素娥編譯	120元
㉜佛法與神通	劉欣如編著	120元
㉝悟（正法眼藏的世界）	柯素娥編譯	120元
㉞只管打坐	劉欣如編譯	120元
㉟喬答摩・佛陀傳	劉欣如編著	120元
㊱唐玄奘留學記	劉欣如編譯	120元

㊲佛教的人生觀	劉欣如編譯	110元
㊳無門關（上卷）	心靈雅集編譯組	150元
㊴無門關（下卷）	心靈雅集編譯組	150元
㊵業的思想	劉欣如編著	130元
㊶佛法難學嗎	劉欣如著	140元
㊷佛法實用嗎	劉欣如著	140元
㊸佛法殊勝嗎	劉欣如著	140元
㊹因果報應法則	李常傳編	140元
㊺佛教醫學的奧秘	劉欣如編著	150元
㊻紅塵絕唱	海　若著	130元
㊼佛教生活風情	洪丕謨、姜玉珍著	220元
㊽行住坐臥有佛法	劉欣如著	160元
㊾起心動念是佛法	劉欣如著	160元
㊿四字禪語	曹洞宗青年會	200元
51妙法蓮華經	劉欣如編著	160元

•經營管理•電腦編號01

◎創新經營六十六大計（精）	蔡弘文編	780元
①如何獲取生意情報	蘇燕謀譯	110元
②經濟常識問答	蘇燕謀譯	130元
③股票致富68秘訣	簡文祥譯	200元
④台灣商戰風雲錄	陳中雄著	120元
⑤推銷大王秘錄	原一平著	180元
⑥新創意•賺大錢	王家成譯	90元
⑦工廠管理新手法	琪　輝著	120元
⑧奇蹟推銷術	蘇燕謀譯	100元
⑨經營參謀	柯順隆譯	120元
⑩美國實業24小時	柯順隆譯	80元
⑪撼動人心的推銷法	原一平著	150元
⑫高竿經營法	蔡弘文編	120元
⑬如何掌握顧客	柯順隆譯	150元
⑭一等一賺錢策略	蔡弘文編	120元
⑯成功經營妙方	鐘文訓著	120元
⑰一流的管理	蔡弘文編	150元
⑱外國人看中韓經濟	劉華亭譯	150元
⑲企業不良幹部群相	琪輝編著	120元
⑳突破商場人際學	林振輝編著	90元
㉑無中生有術	琪輝編著	140元
㉒如何使女人打開錢包	林振輝編著	100元
㉓操縱上司術	邑井操著	90元

⑦黃金投資策略　　　　　　黃俊豪編著　180元
⑦厚黑管理學　　　　　　　廖松濤編譯　180元
⑦股市致勝格言　　　　　　呂梅莎編譯　180元
⑦透視西武集團　　　　　　林谷燁編譯　150元
⑦巡迴行銷術　　　　　　　陳蒼杰譯　　150元
⑦推銷的魔術　　　　　　　王嘉誠譯　　120元
⑦60秒指導部屬　　　　　　周蓮芬編譯　150元
⑦精銳女推銷員特訓　　　　李玉瓊編譯　130元
⑧企劃、提案、報告圖表的技巧　鄭汶譯　180元
⑧海外不動產投資　　　　　許達守編譯　150元
⑧八百伴的世界策略　　　　李玉瓊譯　　150元
⑧服務業品質管理　　　　　吳宜芬譯　　180元
⑧零庫存銷售　　　　　　　黃東謙編譯　150元
⑧三分鐘推銷管理　　　　　劉名揚編譯　150元
⑧推銷大王奮鬥史　　　　　原一平著　　150元
⑧豐田汽車的生產管理　　　林谷燁編譯　150元

・成功寶庫・電腦編號02

①上班族交際術　　　　　　江森滋著　　100元
②拍馬屁訣竅　　　　　　　廖玉山編譯　110元
④聽話的藝術　　　　　　　歐陽輝編譯　110元
⑨求職轉業成功術　　　　　陳義編著　　110元
⑩上班族禮儀　　　　　　　廖玉山編著　120元
⑪接近心理學　　　　　　　李玉瓊編著　100元
⑫創造自信的新人生　　　　廖松濤編著　120元
⑭上班族如何出人頭地　　　廖松濤編著　100元
⑮神奇瞬間瞑想法　　　　　廖松濤編譯　100元
⑯人生成功之鑰　　　　　　楊意苓編著　150元
⑲給企業人的諍言　　　　　鐘文訓編著　120元
⑳企業家自律訓練法　　　　陳義編譯　　100元
㉑上班族妖怪學　　　　　　廖松濤編著　100元
㉒猶太人縱橫世界的奇蹟　　孟佑政編著　110元
㉓訪問推銷術　　　　　　　黃靜香編著　130元
㉕你是上班族中強者　　　　嚴思圖編著　100元
㉖向失敗挑戰　　　　　　　黃靜香編著　100元
㉙機智應對術　　　　　　　李玉瓊編著　130元
㉚成功頓悟100則　　　　　蕭京凌編譯　130元
㉛掌握好運100則　　　　　蕭京凌編譯　110元
㉜知性幽默　　　　　　　　李玉瓊編譯　130元
㉝熟記對方絕招　　　　　　黃靜香編譯　100元

⑧性格性向創前程　　　　　　楊鴻儒編譯　130元
⑧訪問行銷新竅門　　　　　　廖玉山編譯　150元
⑧無所不達的推銷話術　　　　李玉瓊編譯　150元

・處 世 智 慧・電腦編號 03

①如何改變你自己　　　　　　陸明編譯　120元
②人性心理陷阱　　　　　　　多湖輝著　90元
④幽默說話術　　　　　　　　林振輝編譯　120元
⑤讀書36計　　　　　　　　　黃柏松編譯　120元
⑥靈感成功術　　　　　　　　譚繼山編譯　80元
⑧扭轉一生的五分鐘　　　　　黃柏松編譯　100元
⑨知人、知面、知其心　　　　林振輝譯　110元
⑩現代人的詭計　　　　　　　林振輝譯　100元
⑫如何利用你的時間　　　　　蘇遠謀譯　80元
⑬口才必勝術　　　　　　　　黃柏松編譯　120元
⑭女性的智慧　　　　　　　　譚繼山編譯　90元
⑮如何突破孤獨　　　　　　　張文志編譯　80元
⑯人生的體驗　　　　　　　　陸明編譯　80元
⑰微笑社交術　　　　　　　　張芳明譯　90元
⑱幽默吹牛術　　　　　　　　金子登著　90元
⑲攻心說服術　　　　　　　　多湖輝著　100元
⑳當機立斷　　　　　　　　　陸明編譯　70元
㉑勝利者的戰略　　　　　　　宋恩臨編譯　80元
㉒如何交朋友　　　　　　　　安紀芳編著　70元
㉓鬥智奇謀（諸葛孔明兵法）　陳炳崑著　70元
㉔慧心良言　　　　　　　　　亦奇著　80元
㉕名家慧語　　　　　　　　　蔡逸鴻主編　90元
㉗稱霸者啟示金言　　　　　　黃柏松編譯　90元
㉘如何發揮你的潛能　　　　　陸明編譯　90元
㉙女人身態語言學　　　　　　李常傳譯　130元
㉚摸透女人心　　　　　　　　張文志譯　90元
㉛現代戀愛秘訣　　　　　　　王家成譯　70元
㉜給女人的悄悄話　　　　　　妮倩編譯　90元
㉞如何開拓快樂人生　　　　　陸明編譯　90元
㉟驚人時間活用法　　　　　　鐘文訓譯　80元
㊱成功的捷徑　　　　　　　　鐘文訓譯　70元
㊲幽默逗笑術　　　　　　　　林振輝著　120元
㊳活用血型讀書法　　　　　　陳炳崑譯　80元
㊴心　燈　　　　　　　　　　葉于模著　100元
㊵當心受騙　　　　　　　　　林顯茂譯　90元

國家圖書館出版品預行編目資料

太極拳運動／中華人民共和國體育運動委員會
運動司編；——初版——臺北市；大展，民85
面；　　公分——（武術特輯；14）
ISBN 957-557-571-7（平裝）

1.太極拳

528.972　　　　　　　　　　　　　　　85000464

行政院新聞局局版臺陸字第 100260 號核准
本書由北京人民體育出版社授權中文繁體字版
【版權所有・翻印必究】

太極拳運動

ISBN 957-557-571-7

編 著 者／中華人民共和國體育
　　　　　運動委員會　運動司
發 行 人／蔡　森　明
出 版 者／大展出版社有限公司
社　　址／台北市北投區（石牌）致遠一路二段12巷1號
電　　話／(02) 28236031・28236033
傳　　眞／(02) 28272069
郵政劃撥／0166955－1
登 記 證／局版臺業字第2171號
承 印 者／高星企業有限公司
裝　　訂／日新裝訂所
排 版 者／千兵企業有限公司
電　　話／(02) 28812643
初版1刷／1996年（民85年）1月
2　　刷／1998年（民87年）10月

定　　價／250元

●本書若有破損缺頁敬請寄回本社更換●